保护性耕作机械化技术及地力培育

蒋彬 熊波 高娇 等 主编

中国农业科学技术出版社

图书在版编目（CIP）数据

保护性耕作机械化技术及地力培育/蒋彬，熊波，高娇等主编. --北京：中国农业科学技术出版社，2024.1
ISBN 978-7-5116-6643-7

Ⅰ.①保… Ⅱ.①蒋… ②熊… ③高… Ⅲ.①保护性耕作－农业机械化 Ⅳ.①D926.13

中国国家版本馆 CIP 数据核字（2024）第 194472 号

责任编辑　穆玉红
责任校对　马广洋
责任印制　姜义伟　王思文

出 版 者	中国农业科学技术出版社
	北京市中关村南大街 12 号　邮编：100081
电　　话	（010）82106626（编辑室）（010）82109702（发行部）
	（010）82109709（读者服务部）
网　　址	https://castp.caas.cn
经 销 者	各地新华书店
印 刷 者	北京科信印刷有限公司
开　　本	170 mm×240 mm　1/16
印　　张	12.25
字　　数	220 千字
版　　次	2024 年 1 月第 1 版　2024 年 1 月第 1 次印刷
定　　价	58.00 元

◆版权所有·侵权必究◆

《保护性耕作机械化技术及地力培育》编委会

主　　编　蒋　彬　熊　波　高　娇　杨雅静

参编人员　（排名不分先后）

秦　贵	张　岚	孟志军	梅鹤波	田金明	董洁芳	庞爱平
孙　冬	权文格	扶明开	赵　野	宋仁龙	李文超	黄　斌
宋鹏行	王永建	柏明娜	刘明国	沈永哲	王　超	姜宜琛
胡瑞学	苏　楠	房　骏	张雨辰	赵昌娜	王庆莹	申天兵
刘志霞	刘京蕊	董　会	徐田军	熊海龙	许志勇	罗　娟
常晓莲	于佳动	霍丽丽	冯　晶	张　莉	李　震	李传友
李志强	安红艳	宋爱敏	王立成	胡　浩	刘　贺	徐岚俊
李晓阳	孙元丰	代碌碌	马家炜	陈旭蕾	胡潇方	

目 录
CONTENTS

第一章 概 述 …………………………………………………………… 1
 第一节 保护性耕作机械化技术的概念 ………………………… 1
 第二节 保护性耕作机械化技术的主要内容 …………………… 2
 第三节 保护性耕作技术的意义 ………………………………… 3
 第四节 保护性耕作机械化技术在北京的应用 ………………… 4

第二章 保护性耕作耕地整地机械化技术 ……………………………16
 第一节 土壤深松机械化技术 ……………………………………16
 第二节 土壤旋耕机械化技术 ……………………………………21
 第三节 整地机械化技术 …………………………………………26

第三章 免耕少耕播种机械化技术 ……………………………………37
 第一节 小麦免耕少耕播种机械化技术 …………………………37
 第二节 玉米免耕少耕播种机械化技术 …………………………41

第四章 高效植保机械化技术 …………………………………………46
 第一节 喷杆喷雾机械化技术 ……………………………………46
 第二节 无人植保机械化技术 ……………………………………56
 第三节 中耕除草机械化技术 ……………………………………65

第五章 节水灌溉机械化技术 …………………………………………72
 第一节 喷灌机械化技术 …………………………………………72
 第二节 滴灌机械化技术 …………………………………………83

第三节　微喷灌机械化技术 …………………………………… 88
　　第四节　智能灌溉机械化技术 …………………………………… 90

第六章　秸秆处理机械化技术 ………………………………… 95
　　第一节　秸秆粉碎还田机械化技术 ……………………………… 95
　　第二节　秸秆腐熟还田机械化技术 ……………………………… 102
　　第三节　秸秆离田机械化技术 …………………………………… 109

第七章　耕地保育机械化技术 ………………………………… 116
　　第一节　种肥施用机械化技术 …………………………………… 116
　　第二节　中耕追肥机械化技术 …………………………………… 123
　　第三节　固态有机肥撒施机械化技术 …………………………… 131
　　第四节　液态有机肥撒施机械化技术 …………………………… 137

第八章　耕地扬尘及作业质量监测技术 ……………………… 144
　　第一节　耕地扬尘监测机械化技术 ……………………………… 144
　　第二节　深松作业质量监测机械化技术 ………………………… 153
　　第三节　播种作业质量监测机械化技术 ………………………… 159

第九章　保护性耕作机械化生产技术模式 …………………… 166
　　第一节　小麦保护性耕作机械化技术模式 ……………………… 166
　　第二节　玉米保护性耕作机械化技术模式 ……………………… 170
　　第三节　麦玉两熟秸秆还田保护性耕作机械化技术模式 ……… 175
　　第四节　大豆保护性耕作生产机械化技术模式 ………………… 179
　　第五节　水稻保护性耕作生产机械化技术模式 ………………… 183

参考文献 …………………………………………………………… 186

第一章 概 述

第一节 保护性耕作机械化技术的概念

耕地是人类赖以生存的天然资源，也是实现农业可持续发展、维护国家粮食安全的基础。但长期不合理的耕作和粗放式的农业生产方式，导致我国耕地存在肥力偏低、耕地质量退化、粮食增产潜力降低等问题，如果任其发展，将极大地制约我国农业可持续发展，威胁粮食安全。随着人口增长和经济发展，人们更加重视农业的可持续发展，保护性耕作因其具有明显的粮食增产、生态效益和经济效益，在美国、澳大利亚等国家得到了广泛应用。

保护性耕作机械化技术是一种可持续的作物生产方式，指的是在能够保证种子发芽的前提下，对农田实行免耕、少耕、深松等机械化作业，尽可能减少农田耕整农机作业的频次和强度，从而减少土壤耕作、降低土壤扰动，并用作物秸秆、残茬覆盖地表，或从秋季到春季保留玉米根茬固土，带茬播种的耕作机械化技术。该技术的本质是利用农作物的秸秆、残茬还田覆盖土壤表层，通过少耕、免耕、地表微地形改造技术及地表覆盖、合理种植等措施，有效利用天然降水，减少水土流失、风蚀、地表水分蒸发，保护农田土壤，提高劳动生产率，提高农业生态效益和经济效益。

保护性耕作机械化属于作物机械化生产系统的重要组成部分，是人类在现代农业机械化生产活动中逐渐形成的生产观念，其目的是恢复和保持土壤有机质含量，实现作物的可持续生产。与传统耕作方法相比，保护性耕作机械化技术更注重保护土壤生态系统。对于土壤，推广应用保护性耕作机械化技术，能够降低农业土壤 CO_2、N_2O 等温室气体及水蒸气的排放量，减少土壤侵蚀径流并限制侵蚀程度，提高土壤保墒蓄水抗旱能力，尤其是使土壤肥力逐年增加，促使出苗齐、苗全的耕作技术，有利于保持粮食的持续增产，促进农业生产的可持续发展。对于农业生产，采用保护性耕作机械化技术能够减少农机的下田作业次数，降低燃料、劳动力、水肥等生产资料投入以及机械对农田土壤的压实，降低农业生产成本和改善生态环境，直接或间接提高环境效益和经济效益。

第二节　保护性耕作机械化技术的主要内容

保护性耕作机械化技术主要包括耕整地机械化技术、免少耕机械化技术、高效植保机械化技术、秸秆处理机械化技术，其中以深松整地、秸秆粉碎还田、少免耕播种、病虫害防治、除草等技术为主。

1. 深松整地

传统的农作物耕作方式以小型农业组织为基本作业单位，这些农业组织很少对土地进行深松，导致常年耕种条件下土壤结块严重，地表以下的养分输送困难，无法保证农作物的日常生长需求。同时，传统的浅耕方式中，土壤出现了蓄水能力不强、肥力维持能力不强的现象，无法为植物生长提供水肥供养。深松技术打破了土壤表层的结块问题。与此同时，该技术不但提高了雨水渗透率，增强了土壤的蓄水能力，还有利于原有土壤的盐碱成分排出。

2. 秸秆粉碎还田

我国是秸秆产量大国，全国每年秸秆产生量达 8.65 亿 t，如果得不到有效处理会对下茬作物的播种作业产生不利影响。传统的秸秆处理方式是焚烧，但是秸秆焚烧容易带来环境污染和火灾安全隐患，使土壤表层焦化，降低土壤质量和空气质量。秸秆粉碎还田覆盖技术是在前茬作物收获后，利用秸秆粉碎机械将地表的秸秆和残茬进行粉碎，通过旋耕或翻埋等措施实现秸秆还田，粉碎还田的秸秆为土壤里的微生物活动提供了充足的物质能量，通过微生物活动分解后有效提高土壤中的有机质含量，提高耕地肥力。

3. 免耕、少耕播种

传统铧式犁翻耕作业，翻耕时由于拖拉机碾压会使土壤团粒结构遭到破坏，导致犁底层的形成和增厚；翻后细碎土壤裸露地表，风蚀、水蚀加剧，耕层土壤流失严重，作物容易失墒。免耕、少耕播种就是在经过必要的地表耙地、浅松作业后，利用播种机一次性完成破茬开沟、施肥、播种、覆土和镇压等作业。该播种技术减少了作业环节，由于耕作工序少，减少了机具的多机种、多工序作业对土壤结构造成的破坏，降低了作业成本，提高了土壤中农作物的生产能力，优化了农作物肥力吸收效果。

4. 杂草及病虫害防治

在农作物种植过程中，需要进行除草、病虫害防治等工作，这是保护性耕作中重要的步骤。为了保证较好的防治效果，除进行化学防治，还需要根据病虫害的发生情况，采取合适的生物防治和物理防治等措施。在防治过程中，要采用合适的施药方法，严格控制化学药剂的使用剂量，避免过量使用化学药剂，对农作物产生危害或是影响人们日后的使用。因而，在进行配药过程当中，要严格控制配药的剂量，采用合适的施药方法，在保护农作物的同时，达到良好的除草效果。

第三节　保护性耕作技术的意义

近年来，随着农业机械在生产上的广泛应用，我国农业机械耕作水平得到不断提升，农作物产量也得到大幅度增加，但与此同时，人类和自然的矛盾也越来越突出。比如耕翻作业除掉地面作物残茬、杂草固然有利于播种，但同时也破坏了残茬对地面的保护，导致土壤风蚀、水蚀加剧，土壤承受水蚀、风蚀能力降低，蓄水保墒能力变弱；旋耕切碎土壤，创造了松软细碎的种床，但同时过度耕作造成的细碎土壤结构，经大风吹起成为沙尘，也消灭了土壤中的蚯蚓与其他生物，使土壤慢慢失去活性。耕作强度越大，土壤偏离自然状态越远，自然本身的保护功能和营养恢复功能就丧失越多，要维持这种状态的代价就越大。

保护性耕作技术是采取免耕或少耕方法，将耕作减少到只要能保证种子发芽即可，用农作物秸秆及残茬覆盖地表，并主要用农药来控制杂草和病虫害的一种耕作技术。保护性耕作取消铧式犁翻耕，在保留地表覆盖物的前提下免耕播种，用以保留土壤自我保护机能和营造机能，将机械化耕作方式由单纯改造自然变为利用自然，进而与自然协调发展来进行农业生产的革命性变化。同时，保护性耕作机械化在不增加作业工序过程的情况下，可使作物持续增产。因此，推广应用保护性耕作技术是农业可持续发展的必由之路。

1. 减少土地翻耕，有利于固墒保墒

免耕或浅耕播种技术仅对播种部分土壤进行浅松，减少了耕作面积，降低了水分蒸发，有利于土壤墒情和养分保持。以秸秆残茬覆盖地表，可起到挡风固土的作用，减少地表径流，有利于水分积累，减轻了冬、春季大风对地表的影响，提高了土壤蓄水保墒能力。大面积实施还可有效减少农田扬尘，达到防治沙尘暴的目的。

2. 控制温室气体排放，改善空气质量

在保护性耕作开展以前，农民为抢农时赶季节而进行秸秆焚烧，对大气环境造成很大的影响。而保护性耕作的秸秆还田可以避免对环境造成污染，还可以资源再利用，增加土壤中的碳元素，改善土壤结构，保墒蓄水，减少二氧化碳气体排放。

3. 降低农业生产成本，提高生产效益

保护性耕作与农业机械化建设有着密切关系，发展保护性耕作是降低农业生产成本、提高生产效益的有效途径。在现代化的发展趋势下，需要重视保护性耕作技术的推广和应用，保护性耕作采用机械化免耕、少耕和复式作业，整个流程极其简单，浅耕、播种施肥、残茬处理一次性完成。

4. 改变传统观念，建设和美乡村

在实施保护性耕作过程中改变农民的传统思想观念，实现了科学管理、科学种田，这样在农业水平不断提高的同时，既保护了土地资源，又实现了人与自然和谐相处，对构建和美乡村有重要作用。

第四节　保护性耕作机械化技术在北京的应用

一、北京市保护性耕作技术推广历程

北京市位于北纬 39°28′~41°05′，东经 115°25′~117°30′，属暖温带半湿润大陆性季风气候区，春季干旱多风，冬季干燥寒冷，年度降水主要集中在夏季。20 世纪末，由于北京市水资源过度利用、土地沙化、沙尘暴日趋加剧（图 1-1），造成水资源供需矛盾逐年加大，耕地面积不断减少，生态问题日益突出，不仅制约着农业和农村经济的发展，而且可能会对 2008 年北京奥运会产生影响。

图 1-1　2006 年春季首都北京尘降严重
（4 月 16 日夜间北京市的尘降每平方米 15g，降尘总量 30 万 t）

为实现农业可持续发展，保护生态环境，北京市从 20 世纪 90 年代末开始了保护性耕作研究，从 2002 年起开始在全市推广保护性耕作技术，开展相关保护性耕作机具的引进、改制和研制开发。通过不断地试验、改进，逐步完善了技术工艺路线，形成了当时技术条件下的保护性耕作机械化技术规范和作业服务体系。1996—2023 年，北京市保护性耕作技术推广工作大体经历了三个阶段，实现了保护性耕作的引进和普及应用。

1. 试验示范阶段

从 1996 年开始，为解决焚烧小麦秸秆（图 1-2）烟雾带来的影响机场飞行安全问题，开始在首都机场周围 15 km 范围内实施小麦秸秆禁烧及试验示范夏玉米保护性耕作技术，并取得了成功，之后，示范面积逐年扩大。为了成功申办 2008 年奥运会，北京市政府决定从 1998 年开始到 2000 年，用 3 年时间彻底解决焚烧小麦秸秆问题，决不把"硝烟"带入 21 世纪，其主要手段就是推广夏玉米保护性耕作技术。北京市政府为此每年安排专项资金，用于夏玉米免耕覆盖播种机购置补贴和技术培训。到 2000 年，北京市小麦秸秆实现了全面禁烧的目标，当年夏玉米保护性耕作面积占播种面积的 81%，夏玉米保护性耕作推广有了一套比较成熟的技术和措施，被广大群众所接受。一直到 2007 年北京小麦秸秆连年实现全面禁烧,夏玉米保护性耕作保持在种植面积的90%以上。

图1-2 传统秸秆焚烧

2. 技术推广阶段

2002年,农业部*开始设立专项,推广机械化保护性耕作技术。当时,国内生产保护性耕作机具的企业不足10家。随着北京夏玉米保护性耕作应用面积稳定增长,从2002年开始,北京市开始自主试验春玉米和冬小麦保护性耕作技术,依托中国农业大学等高校,对相关作业机具进行了引进、改装、研制。通过试验,筛选春玉米免耕播种机、小麦免(少)耕播种机、植保机、深松机等保护性耕作机械,基本确定了春玉米和冬小麦保护性耕作技术路线,取得了初步成功,北京开始由夏玉米向粮食作物全部实施保护性耕作技术发展。

2003年,国家及北京市等有关部门领导和技术专家到北京市对保护性耕作情况进行考察指导,均给予了高度的评价。2004年10月2日,时任中共中央总书记胡锦涛在顺义区考察农村基层工作期间,特地到收秋种麦田间察看了小麦免耕播种地块和小麦免耕播种机的情况,从而更加坚定了北京市推广保护性耕作技术的决心。至2004年底,北京市大兴区、顺义区、平谷区等7个区(县)先后被农业部列为国家级保护性耕作示范区(县)。完成保护性耕作技术应用面

---

* 2018年改组为农业农村部,全书余同。

积 34.3 万亩，免耕播种机保有量 2 321 台（套），其他保护性耕作机具 14 573 台（套），培训技术人员及农民 7 378 人次。

3. 技术普及阶段

2006 年，农业部和北京市政府决定，利用三年时间使北京主要粮食作物全面实施保护性耕作，建成全国首个全面实施保护性耕作的示范市，为全国保护性耕作技术的整体推进工作提供可供借鉴的样板。2006 年 5 月 29 日，在人民大会堂举行了隆重的项目启动仪式，农业部和北京市政府签订了《北京全面实施保护性耕作项目实施方案》（以下简称《实施方案》）。《实施方案》的签订标志着北京市保护性耕作发展第三阶段的启动。

到 2007 年，北京市春玉米保护性耕作面积达到 61 330 hm^2，占播种面积的 70.3%；夏玉米保护性耕作面积达到 36 470 hm^2，占播种面积的 97.5%；秋播小麦保护性耕作面积达到 41 330 hm^2，占播种面积的 57%，基本上实现了保护性耕作技术普及应用，成为全国首个全面实施保护性耕作的示范市。在北京市农业局给市政府的《关于北京市 2006 年保护性耕作项目实施情况的报告》中，牛有成副市长对全市保护性耕作推广工作给予了充分肯定并给予"组织有序，开局良好，不断总结，积极推进"的评价。

4. 技术稳定应用

随着科技的进步和农业机械化发展，保护性耕作作业机具和农艺的融合程度进一步提高，机械化技术逐渐向信息化、智能化、精准化发展。特别是 2012 年以来，为提升农业保护性耕作技术的质量效果，减少农业生产碳排放，降低农机作业扬尘，针对小麦、玉米，先后开展了农机深松技术、保护性耕作作业质量监测技术、免少耕播种技术的提升工作。目前，全市累计推广保护性耕作机具 2.5 万台套，其中深松机 1 100 台套，大中小型小麦免（少）耕播种机 6 000 台，玉米免（少）耕播种机 12 270 台，秸秆粉碎还田机 5 650 台，目前小麦、玉米免耕播种覆盖率持续稳定在 68.5%、73.8% 以上。图 1-3 为 2018 年京津冀保护性耕作实施 20 周年论坛现场。

图 1-3 2018 年京津冀保护性耕作实施 20 周年论坛

二、保护性耕作技术体系的建立

1. 形成的保护性耕作技术模式

北京郊区的保护性耕作模式主要有 3 种：一是一年一作制，即春白地种植籽粒玉米、青饲玉米或豆类，秋季收获后，留茬至第二年春天继续种植玉米、豆类；二是一年两作制，即夏季收获小麦后，下茬种植籽粒玉米、青饲玉米或豆类，秋季收获后，下茬继续种植小麦（图 1-4）；三是两年三作制，即春白地种植籽粒玉米或青饲玉米或豆类，秋季收获后，下茬种植小麦。我们通过不断试验，探索出如下几种保护性耕作技术模式。经过 3 年的示范推广，基本形成了北京市的保护性耕作技术模式和技术体系。

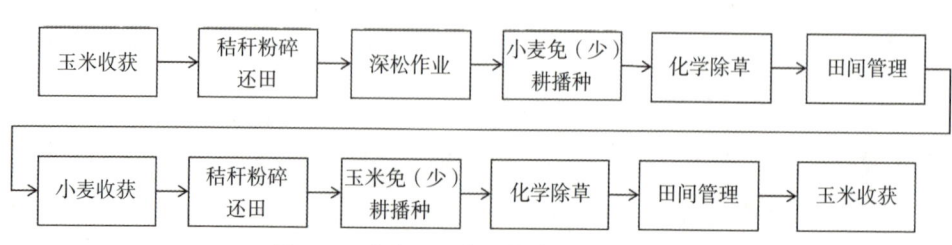

图 1-4 小麦、玉米保护性耕作技术模式

一是春玉米、豆类保护性耕作技术模式。

（1）当留茬越冬地块杂草和秸秆较少时，一般上茬为收获青饲玉米或豆茬。

专用免耕播种机播种施底肥→机械喷施除草剂封地→浇水保墒→常规田间管理→机收穗头或青饲玉米。

（2）当留茬越冬地块杂草和秸秆抛撒不匀，根茬较高，一般为机收玉米穗头后留茬高度 50 cm 以上时。秸秆粉碎机粉碎秸秆和根茬，或用轻耙耙碎→化学喷施除草剂除明草→专用免耕播种机播种施底肥→化学喷施除草剂封地→浇水保墒→常规田间管理→机收穗头或青饲玉米。

二是夏玉米保护性耕作技术模式。

小麦机收同时秸秆粉碎还田，若收割机不带粉碎器，可用秸秆粉碎机将秸秆粉碎→用带有分草器的玉米免耕覆盖播种机进行施肥播种→机械喷施除草剂封地→浇水保墒→常规田间管理→机收穗头或青饲玉米。

三是冬小麦保护性耕作技术模式。

（1）当留茬地块杂草和秸秆较少时，一般上茬收获青饲玉米或大豆。

专用免耕播种机播种施底化肥→机械喷施除草剂封地→浇水保墒→冬前浇冻水追施化肥→越冬→浇返青水、施返青肥→常规田间管理→机收籽粒。

（2）当留茬地块杂草、秸秆抛撒不匀和根茬较高时，一般上茬为机收玉米穗头，留茬高度在 50 cm 以上。

秸秆粉碎机粉碎秸秆和根茬（或轻耙或浅旋）→专用免耕播种机播种施底化肥→机械喷施除草剂封地→浇水保墒→冬前浇冻水追施化肥→越冬→浇返青水、施返青肥→常规田间管理→机收籽粒。

以上几种技术模式，均可根据土壤板结程度，每隔 1~2 年在免耕播种前对土壤进行一次深松，确保土壤蓬松和良好的通气、透水性能。

2. 形成的保护性耕作播种技术规范

春玉米保护性耕作播种技术规范。

（1）播期。一般选择在 5 月中下旬，以避免抽穗期的"卡脖旱"。

（2）杂草处理。若地块明草较多，播前可用 1.2kg/ 亩草甘磷除明草；播后可使用阿特拉津和乙草胺各 0.15 kg/ 亩进行田间封闭。

（3）秸秆及根茬处理。当地表残留秸秆较多或根茬较高时，可用粉碎机轻耙或旋耕犁处理后再播种。

（4）种子处理。种子必须进行清选，出芽率应在 90% 以上，必须进行药剂

拌种或"包衣"处理。

（5）播量。经对比试验，播量为2.3kg/亩最佳，是免耕播种春玉米的理想播量。

（6）播深。调整为4cm播深，可保证播种质量和产量为最佳。当地表有较大沟坎时，应耙平后再播，以确保播深一致。

（7）行距。收获籽粒的玉米，行距为70 cm，收获青饲玉米的行距为60~65 cm。

（8）种肥。每亩可施种肥（复合肥或磷酸二铵）10~15kg，可随播种一同施入。

（9）留苗密度。每亩留苗为4 100株左右（用2BQM-6型免耕播种机播种，可选用24孔播种盘即可）。

（10）保墒。如果土壤墒情不好，可在播种后用喷灌浇水4h，确保出全苗；也可在播前浇水，但地表不能有积水。

（11）苗期管理。免耕播种春玉米在生育前期，根系不太发达时，生长势相对于翻耕播种方式要差，因此应注意肥水管理一定要及时充足，以保证春玉米生育前期的生长量。

冬小麦保护性耕作播种技术规范。

（1）土壤选择。沙壤土最适宜免耕播种，若为重壤土可轻耙或浅旋后再播。

（2）播期。一般要比传统翻耕播种提前2 d，在9月23日至10月5日之间。

（3）播量。每亩要比传统耕翻播量多下0.75kg种子。

（4）种肥。每亩可随播种施种肥（复合肥或磷酸二铵）10kg。

（5）种子。种子必须清选、拌种或进行"包衣"处理，出苗率要达到80%以上。

（6）冻水。冬前必须要浇冻水，可随水追施冻肥。春天可晚浇返青水，待地温上升后，再浇水、施肥。

（7）返青肥水。由于免耕小麦在冬前生长势相对翻耕播种小麦要差，所以在返青时要及时浇足返青水、补施返青肥，以保证起身拔节。

（8）收获。由于免耕播种小麦墒情优于传统翻耕播种小麦，成熟期一般可推迟1~2 d，有利于灌浆，收获期也相应推迟。

（9）秸秆、根茬处理。地表秸秆、根茬和杂草处理方法与春玉米地块处理方法相同。

三、保护性耕作技术的直接效果

1. 减少作业工序

保护性耕作可减少作业成本,保护性耕作技术是在不翻耕土壤的情况下进行的免耕播种,所以该项技术节省了作业工序,可由以前的 8 道工序减少到现在的 3~4 道工序(图 1-5),每亩可减少作业费用 20~30 元。

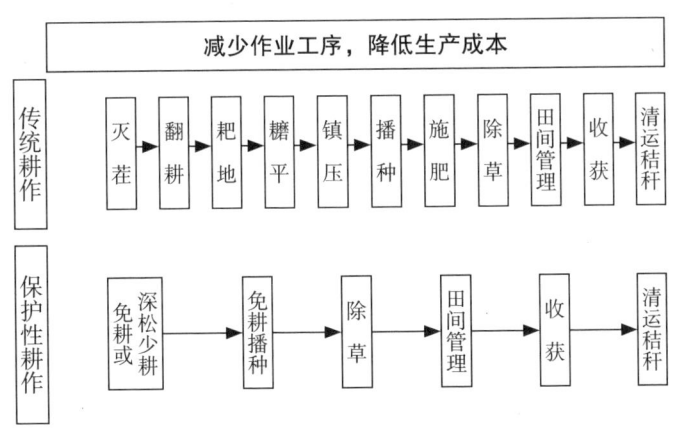

图 1-5　保护性耕作技术效果

2. 保护性耕作技术可节约农业用水

小麦。采用保护性耕作,两季作物平均可减少 1~2 次灌水,相当于每亩减少用水 100~120 t。另外在灌水过程中,小麦保护性耕作地块与翻耕地块比较,可节约 25% 用水量,在小麦生长过程中按照每亩用水 50~60 t、灌水 4 次计算,常规播种用水 200~240 t,免耕播种用水 150~180 t,每亩节 50~60 t 农业用水。由于对农业用水尚未收取费用,主要采用插卡式收取电费,按照保护性耕作可减少 1 次灌水,每亩节约农业用水 25% 计算,推广保护性耕作技术每亩可减少电费 12.5 元。

玉米。玉米整个生长阶段需要 2 次灌水过程,约用 120 t 农业用水。通过专家计算,保护性耕作技术与常规耕作方式比较,每亩可节约 24 t 吨农业用水。由于农村采用插卡式电费收取,常规耕作地块每亩需要 22~24 元,免耕播种地块每亩需要 14~16 元,由此可见保护性耕作技术玉米每亩可节约电费 8 元。

3. 保护性耕作技术可节约燃油

能源是稀缺资源和高成本资源。因此，节约燃油的使用与消耗是保护资源的重要方式。由于保护性耕作技术能够减少翻耕、镇压等作业工序，因此按照实际作业，每亩可减少 2~2.5 L 的燃油消耗，按 3.62 L/元计算，每亩可节约成本 7.24~9.05 元。

4. 增加了土壤有机质

秸秆残茬还田覆盖，采取免耕或少耕的耕作方式，有效地保护和增强了土壤微生物群体，提高了土壤有机质和养分含量，培肥了地力，为农业的可持续发展创造了有利条件。保护性耕作技术是在不翻耕土壤的情况下，进行免耕播种。采用保护性耕作减少了土壤风蚀水蚀、抑制土壤扬尘，据测试推算，3 年减少土壤流失约 2 649 万 t、节约灌溉用水约 2.65 亿 m^3、减少有机质和氮磷钾流失约 111.1 万 t。保护性耕作的实施，提高的是效益，改善的是环境，推广的是科技，追求的是可持续，增收的是农民，受益的是全体，保护了首都大气环境，为 2008 年奥运会的成功举办创造了有利条件。

四、形成的技术推广工作经验

1. 自上而下建立领导组织机制

为大力推广保护性耕作技术，各区成立由主管副区长任组长，农委主任任副组长，区财政局、环保局、科委、农机服务中心、种植业服务中心负责人和各镇镇长参加的保护性耕作领导小组。领导小组每年初制定本年度保护性耕作实施方案，每年 5 月，由区向乡镇下发《关于做好裸露农田综合治理工作的通知》，领导小组对各镇政府实行了目标管理责任制，签订了工作责任书。同时，各镇也成立以镇长挂帅的领导小组。根据项目实施地区的土壤结构和种植品种等情况，因地制宜制定技术方案、配置各类机具；农机与农艺部门密切合作，确保各种技术达到最佳，并为每块地建起了技术档案；项目领导小组积极主动争取区镇配套资金及时到位，保证了各项工作的顺利进行；项目在实施过程中，注意加大农机技术的引进，同时开发自己的实用技术，先后引进和改装了一批先进、适用的保护性耕作机械，为项目顺利开展提供了技术保证。

2. 加强适用的免耕播种机具研制

保护性耕作技术的实施过程中，北京市积极引进、改造和研制开发保护性耕作机具。改造春玉米免耕播种机 50 余台，积极研制了适合本地区的 2BM-12

型免耕播种机，并在北京地区进行推广使用。研制4JQ-140型秸秆捡拾切碎机、4JQ-160型秸秆捡拾切碎机、4YB-3型玉米收获机以及深松机。并先后引进大马力拖拉机、美国约翰迪尔公司生产的1590型免耕播种机、青贮收获机、深松机械、秸秆打捆机，增加其他保护性耕作机具，保护性耕作机具不断增加，有力地促进了保护性耕作技术推广工作。同时，积极研制改进适合本地春玉米播种特点的小型免耕播种机，经过多次反复试验，达到了耕作农艺标准，满足了北京延庆等山区玉米保护性耕作作业。

3. 强化农机农艺相结合的管理制度

保护性耕作项目的核心技术内容是农机免耕播种作业，为了使作物的播种、水肥管理、草虫害防治等各环节的农艺措施符合实现高产、优质、高效的标准。有的区县项目组聘请农业专家为项目的技术顾问，组成由农机、农技专家组成的专家组，负责对项目进行共同研究，指导项目实施中出现的技术问题，为保护性耕作技术的顺利推广提供了保障。有的区县专门成立由农艺、农机、环保等各方面科技人员组织的科技组，对机械的选型、机具改装、病虫害、草害的防治等一系列技术问题提供咨询服务。同时，各区是农科所技术人员还参与了对保护性耕作试验示范田农作物生长的跟踪调查和各阶段技术分析。

随着现代信息技术的不断创新，对项目实行现代化管理的要求也越来越高。2004年，北京市农机管理部门为昌平、通州等9个远郊区县农机服务中心配备了笔记本电脑及"北京市农业机械化管理信息软件系统"，通过GPS、GIS及数据库管理软件对各区县保护性耕作项目完成情况进行追踪。各区县收集的有关项目数据也能按时、保质地提交到市农机部门，保证了数据资料汇总上报的及时和准确。此外，各项目示范区县都在项目区示范田建立了标志牌，对农村群众起到宣传普及的作用。

4. 建立健全农机社会化服务组织

保护性耕作技术的推广，需要有适宜的农机作业服务模式相配合，才能够起到降低作业成本，增加农民收入的目的。在保护性耕作实施初期，采用区级农机作业服务组织进行全免费的保护性耕作技术的机械化播种工作，提高农民对保护性耕作技术的积极性，促进保护性耕作技术的推广。在保护性耕作技术的不断成熟以及作业服务模式的不断创新和应用中，大兴区创建了一套新型农机作业服务模式，即开展订单农业，主要应用于春玉米免耕播种。即与农户签订种植合同，负责作物从种到收的全程机械化作业服务，同时由农艺部门制定严密的田间管理措施。再与收购方签订销售合同，负责农作物的销售。从而实现了农作物产前、产中、产后全方位服务，达到了降低作业成本、增加农民收入的目的。顺义区针对粮田较分散的特点，分别在区农机研究所、黎明牧草种植服务社和粮田较多且有条件的镇组建保护性耕作服务队，为区内要求保护性耕作但又无免耕播种机的农场或农户进行播种服务，避免了因机具重复购置、改装以及雇佣农机操作人员而造成生产成本增加，且提高了作业效率和质量。经过两年的实践，大兴区现已形成以区农机研究所、黎明牧草服务社为主体，以镇农机站或农机大户为补充的保护性耕作服务体系，为保护性耕作的顺利实施提供了强有力的物质保障。

5. 通过各种途径进行技术宣传培训

一是举办技术培训讲座。聘请了农机专家和农科所技术人员对各区县、各镇主管农业副镇长、农机和农艺人员进行了培训，使广大干部、从业人员对保护性耕作技术的认识有了进一步的提高，并取得各级领导的支持。

二是利用电视台、《农民日报》《经济日报（农村版）》等新闻媒体宣传。强化了广大干部、群众的环保意识，使实施保护性耕作的意义深入人心。

三是多次请农科所技术人员到田间作技术指导。通过指导，使农民掌握了保护性耕作从种到收全过程技术要领，为保护性耕作技术的顺利实施提供了技术保障。

四是召开作业现场会。每年春、夏、秋三季都要召开保护性耕作现场会，举办技术培训班。农机服务中心和农科所技术人员通过现场演示，向农民宣传保护性耕作的意义、讲解播种及田间管理技术，让农民真正掌握技术规程。

五是分别在春、夏、秋播前举办机手培训班。提高机手的农机操作、维修、保养、调试技术水平，以保证播种质量，最大限度降低生产成本，增加农民收入，提高保护性耕作技术的推广效益。通过宣传和培训，使保护性耕作技术深入人心，得到了广大农民群众的认可。

五、耕地培育及生态效果

随着科技的进步和农业机械化发展，保护性耕作作业机具和农艺的融合程度进一步提高，机械化技术逐渐向信息化、智能化、精准化发展。特别是2012年以来，为提升农业保护性耕作技术的质量效果，减少农业生产碳排放，针对小麦、玉米，先后开展了农机深松技术、保护性耕作作业质量监测技术、免耕（少）耕播种技术的提升工作。目前，全市累计推广保护性耕作机具2.5万台

（套），其中深松机1 100台（套），大中小型小麦免（少）耕播种机6 000台，玉米免（少）耕播种机12 270台，秸秆粉碎还田机5 650台，小麦、玉米免耕播种覆盖率分别达到了68.5%和73.8%。

保护性耕作技术有效促进了北京地区农作物秸秆资源化利用产业的发展，推动了秸秆还田和有机肥替代化肥工作的落地，解决秸秆堆积焚烧导致的资源浪费和环境污染问题。同时，以农机社会化服务组织为桥梁的技术运行模式，保障了农业废弃物资源化利用技术的可持续发展，构建了"农业资源—农产品—再生资源—再生产"循环模式，实现农业产业间的废弃物资源化利用和产业内部的物能互换，使得农业系统中的废弃物在生产过程中得到再次或多次的循环利用，从而获得更高的资源利用率，在保护环境的同时增加了农民和农机服务组织的收入，促进了生态友好型农业发展。

保护性耕作机械化技术增强了农民科学种粮的意识和环境保护意识，促进了低碳、减排、节能环保农业技术的应用和发展，为农业生产有效应对气候变化提供了技术保障。每推广保护性耕作技术1亩地，可减少小麦秸秆焚烧带来的碳排放39.4 kg，减少玉米秸秆焚烧带来的碳排放37.1 kg。土壤固碳能力年均达到64 kg·C/亩以上。2022年北京市秸秆综合利用率突破99.5%。

第二章 保护性耕作耕地整地机械化技术

第一节 土壤深松机械化技术

一、技术内容

土壤深松技术在国内外的应用较广泛。所谓土壤深松,一般是指超过正常犁耕深度的松土作业,松土深度达到 30cm 以上,它可以有效破坏坚硬的犁底层,加深耕作层,增加土壤的透气性、透水性,改善作物根系生长环境。进行深松

图 2-1 农机深松整地作业

时，由于只松土而不翻土，不仅能使坚硬的犁底层得到疏松，而且能使耕作层的肥力和水分得到保持（图2-1）。因此，土壤深松技术可以大幅增加作物的产量，尤其是深根系作物的产量，是一项重要的增产技术。

二、装备配套

按作业性质，深松可以分为全方位深松和局部深松两种作业方式。局部深松机主要有以下几种类型：凿铲式、翼铲式和振动式等。凿铲式、翼铲式是不同深松铲形式，振动深松根据振动动力源的不同可分为强迫振动式和自激振动式。

1. 全方位深松机

全方位深松机是在凿式犁的基础上演变而来的，它经历了凿式犁、偏柱犁、全方位深松机三个演化过程（图2-2）。全方位深松是利用深松铲进行全面松土并打破犁底层的作业，一般从土壤中切出梯形截面土垡并铺放回田中，该深松技术克服了凿式深松机的比阻大、松土系数小和在松后土层中留下竖直沟缝易跑墒等弊端，使土壤在上下、前后、左右均匀得到了充分地松动，且不用翻动和搅乱土层。创造出适于作物生长的"上虚下实、左右松紧相间及紧层下部有鼠道"的土壤结构（图2-3），有利于通水透气、集蓄雨水，改善耕层土壤特性。但全方位深松对土壤的扰动量较大，存在较大的水分蒸发量。

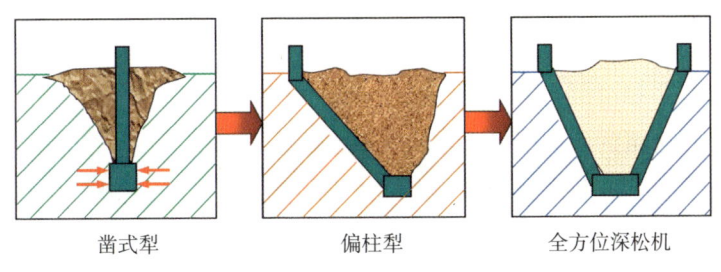

图2-2 土壤深松机演化进程

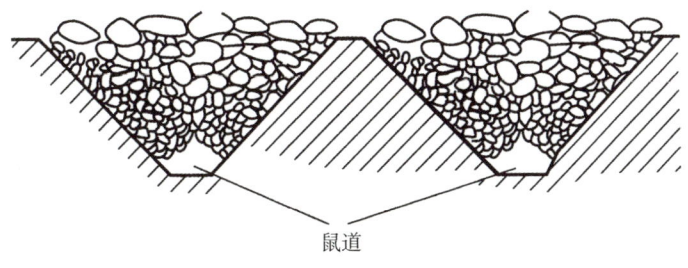

图2-3 全方位深松土壤结构

全方位深松机的深松铲主要是由左右对称的连接板、侧刀及底刀组成的梯形框架（图2-4），使土壤受剪切、弯曲、拉伸等作用而松碎，并且不会对深松铲底部及侧边的土壤进行挤压。深松区域较大、碎土性能好，并保持表层秸秆、残茬的覆盖，可减少土壤的风蚀、水蚀。全方位深松机是一种新型的土壤深松机具，其工作原理完全不同于凿式深松机，它不仅能使50 cm深度内的土层得到高效松碎，显著改善黏重土壤的透水能力，而且能在底部形成"鼠道"，但其深松比阻却小于犁耕比阻。

图2-4　1QS-250全方位深松机

2. 局部深松机

局部深松是利用深松铲进行松土作业，实现疏松土壤，打破犁底层，增加蓄水量且不翻转土壤的保护性耕作方式。通常深松铲的耕深比深松犁的耕深大，并且其铲柄的宽度比深松犁的窄，深松铲的通过性能好，对土壤的扰动相对较小。局部深松机主要由机架和深松铲组成，相邻两深松铲的间距可调。

如凿型可调铲翼式深松机（图2-5），该机械三点悬挂结构，挂接方便，转弯半径小，作业可实现到头到边铲尖、翼铲由特殊耐磨材料制作，使用时间更长。深松铲设有安全螺栓，机具作业更安全，前后两组碎土辊，碎土效果更好。铲尖、翼铲均可单独更换，维修方便，一次可完成多道作业工序，更节本，更低碳。适用于土层较厚的壤土、黏土等多种类型土壤的深松整地和中低产田改造。

图 2-5 凿型可调铲翼式深松机

三、操作规范

1. 准备工作

（1）工作前，必须检查各部位的联接螺栓，不得有松动现象。检查各部位润滑脂，不够应及时添加。检查易损件的磨损情况。

（2）正式作业前要进行深松试作业，调整好深松的深度；检查机车、机具各部件工作情况及作业质量，发现问题及时调整解决，直到符合作业要求。

（3）深松作业是保护性耕作技术内容之一，而保护性耕作地块可能存在秸秆覆盖，根据实际情况，选择是否有防堵功能的深松机，防止深松铲缠绕杂草秸秆等。

（4）根据土质、土壤墒情、深松深度、深松幅宽确定配套拖拉机功率。

2. 操作技术

（1）适合深松的条件。土壤含水量在13%~22%。

（2）深松间隔。深松间隔一般根据垄距决定，垄沟内深松。

（3）深松深度。苗期作业深度，一般为25~30 cm，秋季作业深度为30~40 cm。盐碱地改良排涝作业深度为35~50 cm。并需根据土层厚度等因素综合考虑来确定深松深度。

（4）作业中深松深度、深松间距应该保持一致。

（5）深松后为防止土壤水分的蒸发，应根据土壤墒情情况确定是否需要镇压。

（6）深松后要求土壤表层平整，以利于后续播种作业以及田间管理。

（7）配套措施。有条件的地区在深松作业中应加施底肥，因为常年免耕，下层土壤养分较少；土壤过于干旱时可以造墒。

（8）保护性耕作主要靠作物根系和蚯蚓等生物松土，但由于作业时机具及人畜对地面的压实，还是有机械松土的必要，特别是新采用保护性耕作的地块，可能有犁底层存在，应先进行一次深松，打破硬底层。在保护性耕作实施初期，土壤的自我疏松能力还不强，深松作业也有必要。根据土壤情况，一般2~3年深松一次，直到土壤具备自我疏松能力，可以不再深松。但有些土壤，可能需要一直定期松动。

3. 维护保养

设备作业一段时间后，应进行一次全面检查，发现故障及时修理。一个作业季完成后，工作部件表面应涂黄油，整机放置在避雨、阴凉、干燥处保管。

4. 注意事项

（1）在干旱少雨时，不利于深松作业，减少墒情损失。

（2）深松机作业后，应该保证不翻动土壤、不乱土层。

（3）深松机工作部件应使土壤底层平整均匀。

（4）机器入土与出土时应缓慢进行，不可强行作业，以免损害机器。

（5）深松机在作业时，未提升机具前机组不得转弯和倒退。

四、质量标准

1. 质量标准

农机深松作业可以参考《深松机械作业质量》（DB11/T 299—2005）。具体指标要求如表2-1所示。

表2-1　农机深松作业指标要求

序　号	项　目	质量指标要求
1	入土行程	≤ 1m
2	深松深度	≥ 30cm
3	深松深度变异系数	≤ 10%
4	土壤容重变化率	≥ 5%
5	土壤坚实度变化率	≥ 5%
6	行距一致性	≤ 15%

2. 指标解释

入土行程。从深松机械深松作业时与地面接触的点起，该点与达到规定深度时地面对应点间的直线距离。

深松深度。深松机械达到的作业深度。

深松深度变异系数。在作业区域内，深松深度值的离散程度。

土壤容重变化率。深松后松土层土壤的容重的减少量与深松前土壤的容重之比。

土壤坚实度变化率。深松后松土层土壤的坚实度的减少量与深松前土壤的坚实度之比。

行距一致性。邻接行之间的行距变异系数。

第二节 土壤旋耕机械化技术

一、技术内容

旋耕机是一种由动力驱动的以主动旋转刀齿为工作部件、以铣切原理加工土壤的耕作机械。其切土、碎土能力强，能切碎秸秆并使土肥混合均匀，耕后地表平整、土壤细碎松软、土肥掺混均匀，减少拖拉机进度次数，在抢收抢种中能及时完成任务，一次作业能达到犁耙几次的效果，能满足精耕细作的要求，因而得到了广泛的应用。旋耕机的使用，一方面，能够切碎埋在地表以下的根茬，便于播种机作业，为后期播种提供良好种床。另一方面，具有打破犁底层、恢复土壤耕层结构、提高土壤蓄水保墒能力、消灭部分杂草、减少病虫害、平整地表以及提高农业机械化作业标准等作用。

二、装备配套

1. 设备分类

旋耕机的种类很多，按其工作部件的运动方式可分为横轴式（卧式）、立轴式（立式）和斜轴式等几种。按动力配置可分为手扶拖拉机用和拖拉机用两种。按动力传输路线可分为中间传动和侧边传动两种。卧式旋耕机的工作部件刀轴呈水平方向配置，根据刀轴的旋转方向不同，卧式旋耕机分为正转旋耕机和逆转旋耕机。立式旋耕机的刀轴呈铅垂配置，多用螺旋形刀齿，其耕地较深，可与铧式犁组合成耕耙犁。手扶拖拉机用旋耕机主要在水田地区、果园和小地块地区使用。

2. 机具结构及工作原理

旋耕机工作时，刀片由拖拉机动力输出轴驱动做回转运动，以旋转刀齿为工作部件的驱动型土壤耕作机械，又称旋转耕耘机。旋耕机主要是由机架、传动系统、旋转刀轴、刀片、耕深调节装置、罩壳等组成（图2-6）。旋耕刀轴由无缝钢管制成，轴的两端焊有轴头，用来和左右支臂连接。轴上焊有刀座或刀盘，刀座按螺旋线排列，焊在刀轴上供安装刀片；刀盘周边有间距相等的孔位，便于根据农业技术要求安装刀片。机架是由中央齿轮箱、左右主梁、侧边传动箱和侧板等组成。旋耕机一般在拖拉机上为偏向右侧悬挂，所以侧边传动箱多配置在左侧，这样两边重量较均衡。传动系统是由拖拉机动力输出轴传来的动力经万向节传给中间齿轮箱，再经侧边传动箱驱动刀轴回转，也有直接由中间齿轮箱驱动刀轴回转的。悬挂架同悬挂犁上的相似。除此之外，还配有挡泥板和平土板，用来防止泥土飞溅和进一步碎土，也可保护机务人员的安全，改善劳动条件。

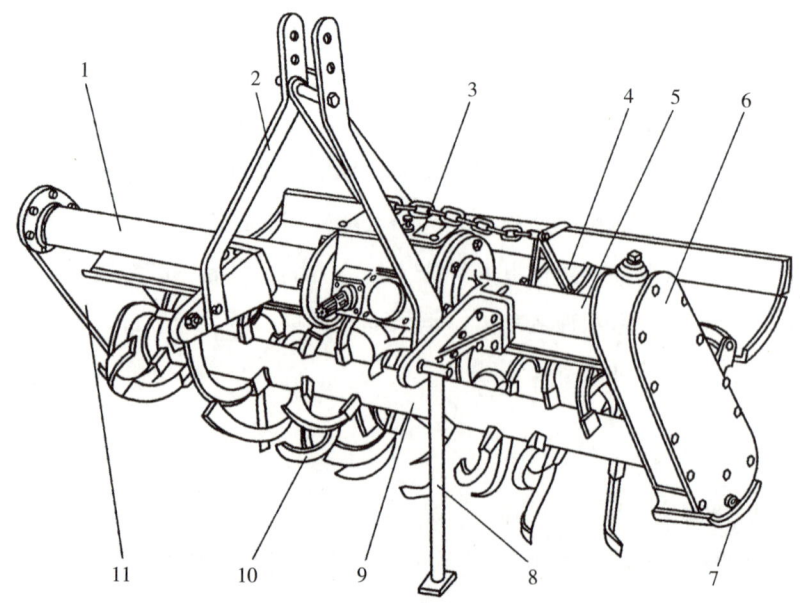

1—右主梁；2—挂接装置；3—齿轮箱；4—罩壳；5—左主梁；6—传动箱；7—防磨板；
8—支撑杆；9—刀轴；10—刀片；11—右支臂

图2-6 旋耕机的构造

旋耕机械产品中，立式旋耕机（图2-7）主要适用于灭茬作业，适用于稻田水耕，有较强的碎土、起浆作用，但覆盖性能差。斜置式旋耕机是一种综合了犁耕与旋耕的特点、功耗低、耕作质量好的新型耕作机具。卧式旋耕机（图2-8）是旋耕机产品中的主流，该种旋耕机对土壤适应性强，混土效果好，一次性作业可达到翻土、碎土和平整地表的要求，多用于开垦灌木地、沼泽地和草荒地的耕作。但一般耕深较浅，漏耕严重，工作部件易缠草、堵泥且作业时消耗功率较大。

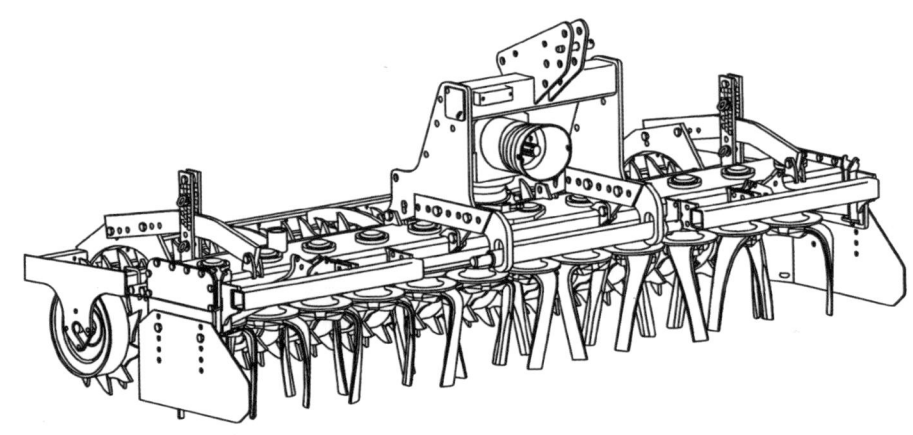

图 2-7　立式旋耕机

图 2-8　卧式旋耕机

在卧式旋耕机中，按旋耕机切刀轴与拖拉机轮子的转向可分为正转和反转两种。旋耕机切刀轴与拖拉机轮子转向一致的为正转旋耕机，反之为反转旋耕机。

反转旋耕机可作为大中型联合收割机的主要配套机具，能形成土壤埋茬，有利于秸秆还田，实现增加土壤有机质的目的。潜土反转旋耕机可加大深耕，还可有效地解决刀轴前方壅土问题。正反转旋耕机通过传动机构和工作部件的结合，能使切刀轴正反转，同时完成灭茬和旋耕作，实现一机多用。

随着集约化、规模化农业生产的发展，耕整地用宽幅高速型旋耕机成为发展方向。国外发达国家已推广使用以作业工序排列组合、以旋耕机为主体的联合作业机组，如加拿大的万能旋耕机、日本的联合耕耙犁和旋耕播种机等。此外，随着现代科学技术的迅速发展，降低碳排放和资源用量已成为当前农业机械化的主要目的，能完成秸秆还田作业的反转灭茬旋耕等新的机型将成为今后旋耕机重要的研究方向。

三、操作规范

1. 准备工作

正确使用和调整旋耕机，对保持其良好技术状态，确保耕作质量是很重要的。

（1）使用前应检查各部件，尤其要检查旋耕刀是否装反和固定螺栓及万向节锁销是否牢靠，确认稳妥后方可使用。检查旋耕机时，必须先切断动力。更换刀片等旋转零件时，必须将拖拉机熄火。

（2）拖拉机启动前，应将旋耕机离合器手柄拨到分离位置。要在提升状态下接合动力，待旋耕机达到预定转速后，机组方可起步，并将旋耕机缓慢降下，使旋耕刀入土。严禁在旋耕刀入土情况下直接起步，以防旋耕刀及相关部件损坏。严禁急速下降旋耕机，旋耕刀入土后严禁倒退和转弯。

（3）要在提升状态下接合动力，待旋耕机达到预定转速后，机组方可起步，并将旋耕机缓慢降下，使旋耕刀入土。严禁在旋耕刀入土情况下直接起步，以防旋耕刀及相关部件损坏。严禁急速下降旋耕机，旋耕刀入土后严禁倒退和转弯。

2. 操作技术

（1）耕深调整。轮式拖拉机配用的旋耕机一般耕深由拖拉机液压系统的位调节方式控制，或在旋耕机上安装限深滑板控制。手扶拖拉机配用的旋耕机，耕深通过改变尾轮的高低位置调节。

（2）水平调整。三点悬挂的旋耕机，左右水平用拖拉机右提升拉杆调节，前后水平用上拉杆调节。

（3）提升高度的调整。旋耕机在传动状态下的提升高度，与万向节倾斜角度不得超过30°，不能提升过高，以免损坏万向节，一般使刀片离开地面20 cm。

（4）碎土性能调整。旋耕机的碎土性能与机组的前进速度和刀轴的转速有关。刀轴转速一定时，增大前进速度则土块变小，反之土块变大；此外调整拖板的高低，也能影响碎土性能及平地效果。

3. 维护保养

每个班次作业后，应对旋耕机进行保养。清除刀片上的泥土和杂草，检查各连接件紧固情况，向各润滑油点加注润滑油，并向万向节处加注黄油，以防加重磨损。一个作业季完成后，整机放置在避雨、阴凉、干燥处保管。

4. 注意事项

（1）作业开始，应将旋耕机处于提升状态，先结合动力输出轴，使刀轴转速增至额定转速，然后下降旋耕机，使刀片逐渐入土至所需深度。严禁刀片入土后再结合动力输出轴或急剧下降旋耕机，以免造成刀片弯曲或折断和加重拖拉机的负荷。

（2）在作业中，应尽量低速慢行，这样既可保证作业质量，使土块细碎，又可减轻机件的磨损。要注意倾听旋耕机是否有杂音或金属敲击音，观察碎土、耕深情况。如有异常应立即停机进行检查，排除后方可继续作业。

（3）地头转弯时禁止作业，应将旋耕机升起，使刀片离开地面，并减小拖拉机油门，以免损坏刀片。

（4）在倒车、过田埂和转移地块时，应将旋耕机提升到最高位置，并切断动力，以免损坏机件。如向远处转移，要用锁定装置将旋耕机固定好。

（5）旋耕机运转时人严禁接近旋转部件，旋耕机后面也不得有人，以防万一刀片甩出伤人。

四、质量标准

1. 质量标准

旋耕作业可以参考《旋耕机作业质量》（NY/T 499—2013）。具体指标要求如表2-2所示。

表 2-2　旋耕机作业质量指标要求

序　号	项　目	质量指标要求
1	旋耕层深度合格率	≥ 90%
2	耕后地表植被残留量	≤ 200.0 g/m²
3	碎土率	≥ 60%
4	耕后地表平整度	≤ 4.0%
	耕后地面情况	作业后田角余量少、田间无漏耕、没有明显雍土、雍草现象

2. 指标解释

旋耕层深度合格率。旋耕机作业后土壤耕作层上表面到耕作层底部的高度，根据地块土壤墒情及当地农艺要求确定，一般为 12~16 cm，误差 ≤ 2 cm，测量合格点数占总测量点数的百分比。

碎土率。最长边小于 4 cm 的土块质量占取样点土壤总质量的百分比。

耕后地表平整度。旋耕机作业后在地表面会留下高低不平的痕迹，表述其特征的术语叫地表平整度。

第三节　整地机械化技术

一、技术内容

翻耕是使用犁等农具将土垡铲起、松碎并翻转的一种土壤耕作方法，是种植前对土壤进行的一项耕作准备工作。翻耕可促进土壤风化，提高土壤活力。一般翻耕深度要求 25~30 cm。但在多雨地区，也不能翻耕过深，导致土壤蓄水过多，致使播期已到时土壤泥泞，一则容易延误播期，二则也易为软腐病等收作创造条件。反之，如果年年浅耕，又难以提高土壤肥力。另外，深耕虽可改良土壤结构，促进根系发育，但是如白菜根系密集层的大量分布，都是在地表下 20~30 cm 的范围内，所以也不能认为土壤翻耕得越深，根系下扎得越多，效果就越好。深耕和根系纵深发展度，也只是相对而言的。为了防止耕度过深，引起土壤蓄水过多的弊端，那就要用冬深、夏浅、错综结合互相交替的方法。那就是在干旱冬季深耕晒垡，加厚土壤熟化层，改善土壤耕作质量，直接为春季果菜，间接为秋季白菜奠定地力基础。多雨夏季，果菜收获后白菜播种前，再进行一次浅耕，年年如此轮流，既可收到深耕之利，又可避免深耕之弊。

同时，翻耕还要与基肥施用相结合，在翻耕前要求基肥细碎，铺撒的厚薄一致，翻耕后土肥才能融合均匀，要注意细犁、密犁，犁底层高低一致。这样从耕作之日起，就注意防止将来产生大小株的差异。耕后要耙平疏松，土粒细碎，防止出现大块坷垃。坷垃大、籽粒小，种子埋入坷垃下层，就会影响出土，造成缺苗。土壤形成坷垃的原因，除与土壤砂、黏结构有关外，也应密切注意翻耕时土壤水分含量。土壤水分少，地面干硬，容易出现硬块，土壤水分含量过多，翻耕时一经搅动，便成泥浆，泥浆一干，硬度更大，耙地时就不能耕碎耕细。因此，在翻耕时要求土壤含水量为 70%~80%。

二、装备配套

目前所使用的犁，由于其工作原理的不同，主要分为铧式犁、圆盘犁和凿形犁。铧式犁应用历史最长，技术最为成熟，作业范围最广。铧式犁是通过犁体曲面对土壤的切削、碎土和翻扣实现耕地作业的。圆盘犁是以球面圆盘作为工作部件的耕作机械，它依靠其重量强制入土，入土性能比铧式犁差，土壤阻力小，切断杂草能力强，可适用于开荒、黏重土壤作业，但翻垡及覆盖能力较弱，价格较高。凿形犁，又称深松犁，工作部件为一凿齿形深松铲，利用挤压力破碎土壤，深松犁没有翻垡能力。

1. 铧式犁

（1）设备分类。以犁铧为主要工作部件的犁，称为铧式犁（图2-9）。铧式犁按应用对象可分为旱地犁、水田犁、果园犁等；按重量可分为轻型犁和重型犁；按与拖拉机挂接形式（即运输状态下犁的支撑情况），可分为牵引犁、悬挂犁和半悬挂犁。

根据农业生产的不同要求、自然条件变化、动力配备情况等，铧式犁在形式上又派生出一些具有现代特征的新型犁：双向犁、栅条犁、条幅犁、滚子犁、高速犁等。

图2-9 铧式犁单体

（2）机具结构及工作原理。铧式犁主要由犁体、犁架、调节机构、牵引装置或挂接装置等部件构成（图2-10）。为了改善作业质量，有的犁还配有犁刀、覆茬器等辅助工作部件，以及超载安全装置等附件。

图2-10　1L-325铧式犁

主犁体为铧式犁的核心工作部件，其作用是切割、破碎和翻转土垡和杂草。主要有犁铧、犁壁、犁侧板、犁托和犁柱等组成（图2-11）。

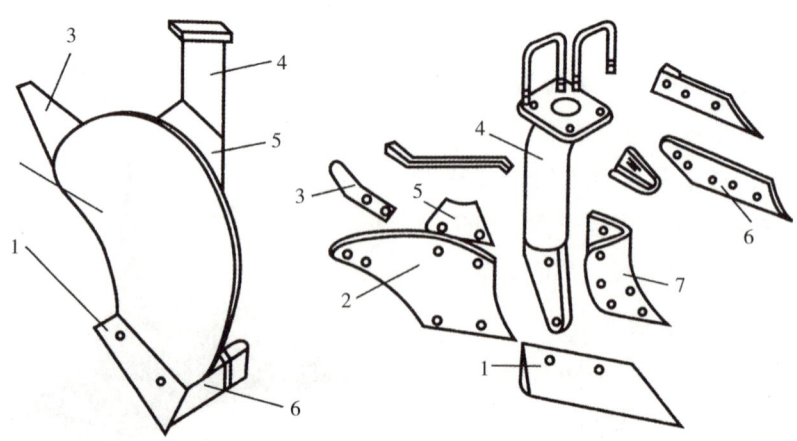

1—犁铧；2—犁壁；3—延长板；4—犁柱；5—滑草板；6—犁侧板；7—犁托
图2-11　犁体

犁壁又叫犁镜，可分为整体式、组合式和栅条式。

犁铧又称犁铲，按结构可分为三角铧、梯形铧、凿型铧，也可按三角犁铧、等宽犁铧、不等宽犁铧、带侧舷犁铧分类。

犁壁和犁铧组成犁体曲面，根据犁体耕翻时土垡运动特点分为滚垡型、窜垡型和滚窜垡型三大类。滚垡型根据其翻土和碎土作用不同又可分为碎土型、通用型和翻土型。

犁刀安装在主犁体和小前犁的前方，其功能是垂直切开土壤和杂草残渣，减轻阻力，减少主犁体胫刃的磨损，保证沟壁整齐，改善覆盖质量。犁刀又分为直犁刀和圆犁刀。圆犁刀主要由圆盘刀片、盘毂、刀柄、刀架和刀轴组成。

心土铲又称深松铲，安装在主犁体的后下方，疏松耕层以下的心土，实现上翻下松。心土铲又分为单翼铲和双翼铲两种，在悬挂犁上心土铲与主犁体固定连接。

北方旱地系列犁的犁体曲面，根据其工作性能可分为熟地型、半螺旋型和螺旋型。熟地型是应用最普通的一种，其犁胸部较陡，翼部扭曲较小，碎土性能好，翻土能力差，适于耕熟地。螺旋型犁体曲面胸部平坦，犁翼长而扭曲程度大，翻土能力强，而碎土作用差，适于开生荒地和黏重、多草、潮湿的土壤。半螺旋型介于二者之间。

2. 栅条犁

犁壁为栅条形的铧式犁（图2-12）。由于栅条之间有空隙，耕地时可减少土

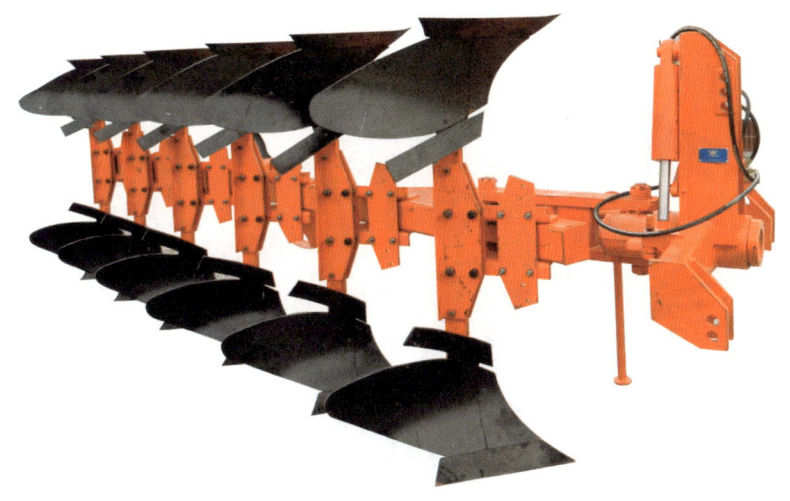

图2-12　HRPB7栅条犁

壤与犁壁的接触，因而脱土性能较好，且能减轻犁的工作阻力。适于耕较黏湿的土壤。犁壁多做成可调式。改变调节板位置，即可改变犁体的翻土及碎土性能。栅条犁壁还很容易做成向左右两面翻垄的双向犁。

3. 翻转犁

翻转犁可以实现双向翻土，也称双向犁。用这种犁耕地，垡片始终向地块的一边翻倒，地表不留沟垄，耕后地表平整，空行程也较普通犁少。因有上述特点，故尽管双向犁的构造比较复杂、重量较大，且难以进行耕耙联合作业，但仍得到很大的发展。目前我国采用较多的翻转犁是在犁架上下装两组不同翻垄方向的犁体，由双联分配器控制犁的升降和犁的翻转（图 2-13、图 2-14）。

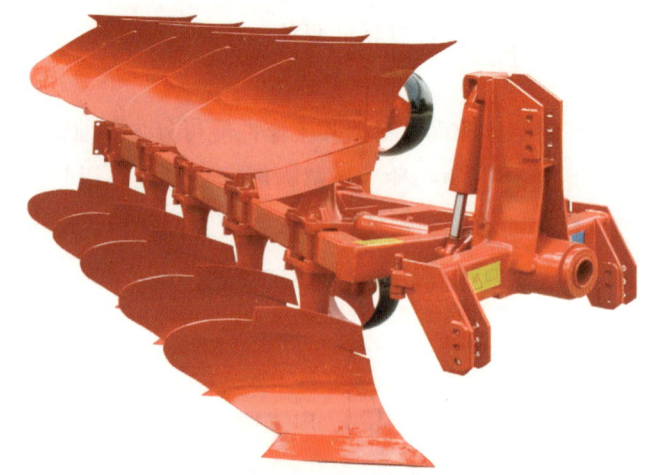

图 2-13　1LF-535 液压翻转犁

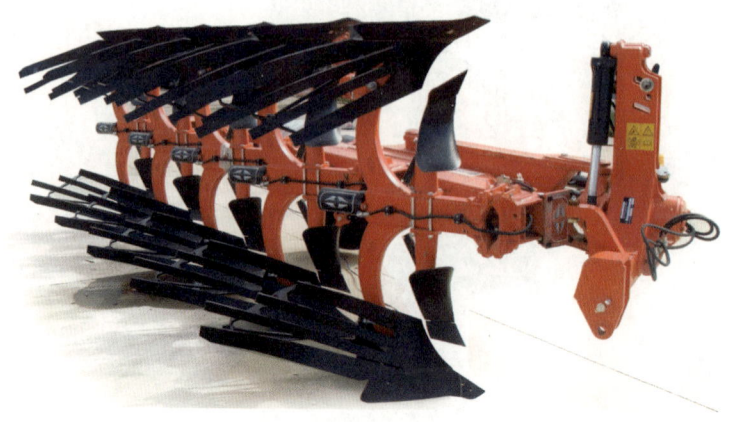

图 2-14　1FLT-635 悬挂式调幅翻转犁

翻转犁包括悬挂架、翻转油缸、止回机构、地轮机构、犁架和犁体，通过油缸中活塞杆的伸缩带动犁架上的正反向犁体作垂直翻转运动，交替更换到工作位置；地轮是丝杠调节耕深的一轮两用机构。

该系列产品适用于坡地和秸秆还田地的翻耕作业，能够减少坡田坡度，耕地平整，可进行梭式作业。

4. 圆盘犁

圆盘犁是以球面圆盘作为工作部件的耕作机械，它依靠其重量强制入土，入土性能比铧式犁差，土壤摩擦力小，切断杂草能力强，可适用于开荒以及黏重土壤作业，但翻垡及覆盖能力较弱。

作为经济性能较好、切割性能良好的耕作机具之一。圆盘梨的工作部件是球面圆盘。工作时因圆盘转动，边切土、边松土、碎土、翻土，因为它有锋利的刃口，而且滚动前进，所以切割绿肥茎秆能力强，不易堵塞，适合于纯种绿肥田压青翻耕使用。翻压亩产 5 000 斤（1 斤 =0.5 kg，余同）以上的绿肥田，不需要耕前耙切处理，可直接耕翻，不论是直立型和匍匐蔓生型绿肥茎秆均可均匀被切断分布在耕层中，绿肥和土壤呈半埋半掩状态。在较湿、较黏的土壤中工作，不易黏土，在较干硬的土壤中工作，入土性较好，且耕层不留地头，耕不到的地边四角很小，也可在小块地作业。但圆盘犁耕地覆土性能不及铧式犁，容易跑墒，绿肥翻压后必须及时耙地保墒。

（1）单向圆盘犁（图 2-15）。该圆盘犁适用于旱作区熟地或荒地的耕翻作业，特别适用于耕翻高产绿肥田及水稻、麦茬的回田。翻土、覆盖质量能满足农

图 2-15　单向圆盘犁

业生产技术要求。且有阻力小，操作方便等优点。

（2）双向圆盘犁（图2-16）。圆盘犁是与拖拉机三点悬挂连接配套，作业时犁片旋转运动，对土壤进行耕翻作业，特别适用于杂草丛生、茎秆直立、土壤比阻较大，土壤中有砖石碎块等复杂农田的耕翻作业。不缠草，不阻塞、不壅土，能够切断作物茎秆、克服土壤中的砖石碎块、工作效率高、作业质量好，调整方便、坚固耐用等特点。

图2-16 双向圆盘犁

5. 菱形犁

菱形犁体（图2-17）由于犁体曲面的结构尺寸与传统犁不同，明显差别是切下的垡条断面不同。传统犁为矩形，菱形犁则以垡条断面为菱形而得名。菱形犁耕出的垡片断面呈菱形，故称菱形犁。

传统犁垂直沟壁，翻转时需要的空间较大，且有平行侧压力的犁床，所以两犁体间距较大。而菱形犁体胫刃向左凸出，工作时形成倾斜的沟壁，倾斜沟壁成凹弧面，为翻转下一垡片创造了条件。因此，菱形犁体的纵向间距可以配置得较小，而不致引起垡片和前犁体的干涉。菱形犁体间的纵向间距通常为一般犁体的2/3。因此适用于大马力拖拉机悬挂多体犁，减少机体总长度和机重，提高机组的纵向稳定性。

菱形犁的优点很多，突出优势是翻垡稳定性好。

图 2-17 菱形犁

6. 滚子犁

为了改善铧式犁翻地时的碎土效果，减小阻力，近年来我国研制了滚子犁。滚子犁类型按每个犁体配置滚子的个数分为单滚和双滚，其结构原理基本相同。单滚滚子犁，利用滚子代替犁翼部分，将已具有翻转趋势的垡片，用滚子强力撞击拉翻，碎土效果好。双滚犁由于土垡受到两次撞击，碎土效果比单滚好。而且利用滚动摩擦代替滑动摩擦，减小了犁耕阻力。

滚子犁根据动力来源分为驱动型和被动型。驱动型就是滚子由拖拉机的动力输出轴带动旋转。被动型是工作中犁铧的前部将土垡升至犁胸，然后土垡离开犁体撞到滚子上，使滚子产生转动，并使土垡破碎。其脱土性能比铧式犁好。

7. 双面犁（图 2-18）

传统犁铧为单面，可以单向耕地，2008 年国内著名专业生产犁铧厂家生产

图 2-18 双面犁

了一种新型双面犁并获得质量技术监督部门认证推广，比起原来的单面犁，双面犁可以双向犁地，用调节杆控制左右方向，可以在左右45°角度自由旋转，犁的材质采用全钢，比起生铁犁更耐用，犁嘴顶头螺丝更长，代替了原先的短距顶头螺丝，调节盘比起单铧犁加宽了4齿，厚度加厚1 mm，犁长保持固定距离，使犁整体看起来更加圆润。

三、操作规范

1. 准备工作

（1）做好田间准备。要求条田平整，四边平直，道路通畅。提前勘察作业地块的地形和地表状况，检查土壤墒度，确定最佳作业时间。清除影响机组作业的田间障碍物，如成堆的茎秆、石块、树根等。

（2）检查作业工具。犁壁表面应光滑，犁铲与犁壁接缝处应密接，犁侧板、犁踵无严重磨损和明显变形。犁工作结构的全部埋头螺丝栓必须紧固，不得凸出工作面。各犁体的铲尖应力求在同一平面上，各犁体的铲尖应在同一直线上，犁架应保持水平。

2. 操作技术

（1）翻耕面积大时，可先用机械犁耕，再用圆盘犁耕，最后耙地。首先对坪床土壤进行犁耕，使下层土壤松散。对底土中具有硬盘层（犁底层、黏盘层等）的地方，要用深耕犁地把它们破碎，以提高土壤通透性，并有利于草坪草根系的伸展。但犁过的土壤表面不平，常带有犁沟和垄，因此，必须对坪床进行圆盘犁耕。这样就能将翻动的下层土壤、土块和表层结壳破碎。从而让表层土与下层土充分混合，以改善土壤结构，平整坪床。如果犁耕后有机残留物埋于土中，在工期允许的前提下，可等其腐烂分解后再用圆盘犁；也可拣除这些有机残留物，犁耕后直接圆盘犁地，从而缩短工期。耙地目的是以破碎土块、草垡及表壳来改善土壤的团粒结构，使坪床形成平整的表面，耙地是在上述两项工作完成后立即进行，也可等有机残留物分解完后再进行，主要是用于平整犁耕和圆盘犁耕留下的沟和垄。

（2）翻耕的时间以秋、冬季为好，可以增加土壤的晒垡和冻垡时间，有利于有机质的分解。耕作深度和次数取决于土壤情况。新耕地耕作层浅，为利于草坪草根系的生长，应耕深20~30 cm，一次耕不到位可分2~3次逐渐加深。老坪地或老耕地耕作层较深，土壤结构较好，可适当浅耕，一般为15~25 cm。

3. 维护保养

每个班次作业后,应对翻耕机具进行保养。清除犁铲上的泥土和杂草,检查各连接件紧固情况,向各润滑油点加注润滑油,以防加重磨损。一个作业季完成后,整机放置在避雨、阴凉、干燥处保管。

4. 注意事项

(1)翻耕作业如翻耕和耙松土壤应在夏季土壤比较干燥的情况下进行。如果土壤全是潮湿的,那么深翻不可能缓解、减轻压实,犁耕后反而会形成一个犁底层,这样就不可能起到疏松土壤和破碎土块的作用。在非常潮湿的年份,翻耕最好延迟到来年干旱的夏季进行。

(2)带翼的犁更易于对地面进行松动,建议在翻耕时使用,以减轻土壤压实。但是,土下埋的岩石和其他大砾石易损坏犁头,除非翻耕前石头被拣出,否则不宜使用有些形式的犁。犁的间距最好不大于1.2 m,犁的外侧要与拖拉机的轨迹一致。翻耕通常顺着下坡的方向进行,不安全的坡地除外。在垄沟地形,翻耕应横跨地垄,以有助于把水排到沟里。对于有孔隙的土壤材料,犁体最好沿沟地通过,可以促进向下排水。

四、质量标准

1. 质量标准

整地作业可参考《铧式犁作业质量》(NY/T 742—2003)的相关技术要求。具体质量指标如表2-3所示。

表2-3 整地作业质量指标要求

项　目	作业质量指标	
	犁体幅宽 > 30 cm	犁体幅宽 ≤ 30 cm
平均耕深(cm)	≥要求耕深	
耕深稳定性变异系数(%)	≤ 10	
漏耕率(%)	≤ 2.5	
重耕率(%)	≤ 5.0	
立垡率(%)	≤ 5.0	
回垡率(%)	≤ 5.0	

2. 指标解释

耕深。犁耕形成的沟底至未耕地表面的垂直距离。

耕深稳定性变异系数。在作业区域内，耕深值的离散程度。

漏耕率、重耕率。在作业区域内，若犁的实际耕宽大于理论耕宽，则称为漏耕，若犁的实际耕宽小于理论耕宽，则称为重耕。漏耕率和重耕率就是实际漏耕、重耕面积占检测区面积的百分比。

立垡率、回垡率。土垡在翻转后其含植被或残茬表面与沟底夹角小于 90° 者为翻垡，90°~100° 者为立垡，大于 100° 者为回垡。在检测区内，每个行程中最后一犁垡片的立垡长度和回垡长度占测区总长度的比值。

第三章 免耕少耕播种机械化技术

第一节 小麦免耕少耕播种机械化技术

一、技术内容

小麦免耕少耕播种机械化技术是保护性耕作技术实施过程中一项重要技术,在前茬作物秸秆粉碎还田覆盖地表后,未经任何耕作即可一次性完成灭茬、开沟、施肥、播种、覆土、镇压等多道工序(图3-1)。该技术具有较高的作业效率,可以大幅缩减农业生产时间,同时可以减少土壤破坏、保护土壤结构,保持土壤的水分和营养,为农作物生产提供良好的环境,具有省工省时、节肥节油、增产增收、保护环境的作用,对于农业生产和生态环保都具有重要的意义。

图3-1 小麦免耕播种作业

二、装备配套

小麦免耕播种机按照开沟器分为尖角式和苗带旋耕式两种。尖角式小麦免耕播种机主要用于一年一作区，为防止堵塞，一般开沟器分为2~3排。苗带旋耕式开沟器防堵性能好，通过性能高，且开沟疏松苗带土壤，清理苗带秸秆，为种子生长创造良好环境，主要用于一年两作区。近年来，企业研制生产了深松施肥免耕播种机，一次进地完成起垄筑畦、间隔深松、破茬开沟、分层施肥、覆土镇压、精量播种等多项作业。

小麦免耕播种机主要由悬挂装置、万向节、齿轮箱总成、刀轴总成、排种（肥）链传动总成、种肥箱总成、播种（肥）总成、镇压轮等组成（图3-2）。该机器开沟器采用旋耕刀，旋耕刀座设有防缠绕装置，减少秸秆缠绕与堵塞，机具通过性好、适应性强，播种质量高。播种施肥器的施肥口在播种口的下方，置于旋转刀后，实现肥料深施和肥种分施，提高化肥利用率，避免烧种。采用旋耕弯刀，将种肥内秸秆抛出，为种子发芽和小麦生长发育创造良好环境。采用宽苗带播种装置，实现小麦宽幅、宽垄播种，促进麦苗生长发育。配置筑畦扶垄装置，实现灌区筑垄，节约灌溉。

图3-2　小麦免耕施肥播种机

三、操作规范

1. 作业前的准备与调整

（1）紧固与注油。机具使用前应检查各紧固部位，各转动部位是否转动灵活。在链传动和其他转动部位加注润滑油。

（2）排种（肥）器使用。小麦免耕播种机采用半精量外槽轮式排种器，播种时抽出抽拉板，播种结束，将种子清理干净，推入抽拉板。

（3）镇压轮的限位。在运输状态下，镇压轮两侧摇臂被扇形板上下两个限位销固定；作业时必须松开上限位销，放在扇形板上适当的孔位。

（4）排种器的调整。粗调：松开调整手轮锁紧螺母，使齿圈退出啮合位置，转动排种量调节手轮，直到播量指示到达预定位置，调整完毕，务必锁紧螺母。精调：把镇压轮悬空，转动镇压轮，排种器全部有种子排出后，按正常行驶速度和方向，匀速转动镇压轮25圈（机具作业面积是0.1亩[*]）接取各种管排出的种子，称各排种管排出的种子重量和排种总重量，计算每行的平均排种量和亩播量。在调整播量时，必将排种（肥）槽轮内的种子（或化肥）清理到不影响槽轮移动为止。为满足农艺要求，应认真反复调试。调整完毕，锁紧螺母。

（5）排肥器的调整。小麦免耕播种机仅使用颗粒状化肥。排肥量的调整与排种量调整同时进行，方法相同。

（6）机具左右、前后水平的调整。升起机具，使旋转刀和开沟器离开地面，查看旋转刀的刀尖、开勾器、机具是否左右水平，不一致时，调整拖拉机后悬挂右斜拉杆。作业中，机具前后应处于同一水平面上，否则，可调整拖拉机悬挂装置中的上拉杆长度进行调整。

（7）旋转间隙的检查。作业前应认真检查旋转刀与开沟器相对位置，使其不发生碰撞。

2. 作业中的使用与调整

（1）前进速度。在拖拉机不超负荷，除茬与播种达到农艺要求的情况下，一般前进速度3~4 km/h。

（2）起步。启动拖拉机，旋转刀离地，结合动力输出，空转半分钟，挂上工作挡，慢慢松开离合器，同时操作液压升降，随即加大油门，使机具逐渐入土，直到正常作业。

（3）播种施肥深度的调整。①改变拖拉机后悬挂上拉杆的长度和两组镇压轮两侧摇臂上限位销的位置，可同步改变播种和施肥深度，耕深也同步改变。②改变种、肥开沟器的安装高度，可调整播种和施肥深度，但种肥深度相对位置不变。

（4）镇压器的调整。要改变镇压强度，可通过改变两组镇压轮两侧摇臂限位

---

[*] 1亩≈666.7平方米，全书同。

销的位置来实现，上限位销下移越多，镇压力越大。

3. 作业注意事项

（1）作业前，要进行田间调查，排除障碍物后，方可进行作业。

（2）机具作业时，站在踏板上的跟机作业人员要扶牢，避免人身伤害。凡是有警示标志和链条的地方，不可靠近或用手触摸。旋转刀转动后方能逐渐入土，禁止急降机具作业。工作中应减少不必要的停车，以减少种子或化肥的堆积或断垄。

（3）拖拉机熄火后，方可进行检查、维修、调整、保养等工作。

（4）机具升降要平稳，避免快升快降，损坏机具。机具未抬起时，严禁倒退或转弯。

（5）注油、加种、加肥、清理杂物等必须在停车后进行。加种（肥）前应先检查种（肥）箱内有无杂物。免耕播种机仅使用颗粒状化肥，加入的种子应清洁，以防堵塞缺苗。

（6）播种机播种或地块转移时，严禁站在拖拉机与播种机之间或坐在农具上。严禁在播种机悬挂升起后，趴在播种机下面进行检查、调整及维修。

（7）开展试播作业，拖拉机与播种机挂好后，在种箱内装上定量的种子，将播量调到所需位置，试播一定距离。然后取出种子称重，确定播下种子的重量。该重量除以试播面积即是试播量，再根据播量大小调整手柄，直到合适以后再进行大面积播种。

四、质量标准

小麦免耕播种作业可参考表 3-1 技术要求。

表 3-1 小麦免耕播种作业技术要求

序号	项目	性能指标（％）
1	动土率	≤ 40
2	断条率	≤ 2
3	各行排种量一致性变异系数	≤ 3.9
4	总排种量稳定性变异系数	≤ 1.3
5	播种均匀性变异系数	≤ 45
6	播深合格率	≤ 80
7	种子破损率	≤ 1.5
8	各行排肥量一致性变异系数	≤ 13

注：1. 按农艺要求的播深 3~5 cm 为合格。

2. 动土率为保护性耕作少耕、播种作业时的动土程度。其他作物的免耕播种机的性能指标可参照执行。

第二节　玉米免耕少耕播种机械化技术

一、技术内容

玉米免耕少耕播种机械化作业（图 3-3、图 3-4）是利用免耕播种机在留茬和秸秆覆盖的耕地中直接进行播种作业，能够实现在一次性作业中完成开沟、播种、覆盖和镇压等多项播种工序，有效减少耕作和播种的作业环节，节省农时，降低劳动力消耗，提高生产效率。免耕播种作业具备显著的节能、节约劳动力、增产和提升品质的作用，能够有效防止土壤被侵蚀并实现减少水分蒸发和保护土壤作用。

图 3-3　春玉米免耕播种作业

图 3-4　夏玉米免耕播种作业

二、配套装备

1. 设备分类

玉米免耕播种机有气吸式精量播种机、仓转式穴播机和窝眼轮式条播机，可根据经济条件和需求进行选择。实施玉米精量播种，可不用间苗，玉米种子发芽率要达到95%以上，确保玉米播种质量。图3-5所示为玉米深松全层施肥精量播种机，可一次完成深松、全层施肥、精量播种、镇压等多项作业。该设备具有倾斜铲刃的全层施肥开沟铲和可调全层施肥装置。深松达到25 cm以上，实现地表以下10~25 cm全层施肥，且肥料分布可调。

图3-5　2BSQFY-4玉米深松全层施肥精量播种机及苗情效果

气吸式精量播种机（图3-6）播种速度快、排种器对种子适应性好、播种深度一致以及苗齐苗壮等优点，可单双行作业，也可大垄作业，一次性即可完成侧深施肥、清障开沟、精量播种、覆土和镇压作业。

仓转式穴播机主要由机架、方板"U"形丝、防缠绕开沟器、播种器、覆土机构、种箱和化肥筒等部件组成。排种器为外槽轮式多用排种盒，调整方便；播种器采用箭铲式开沟器，工作阻力小；采用被动式防缠绕滚筒装置，防止麦草的缠绕、阻塞；施肥器施于沟内，开沟器在沟侧开沟播种、施肥（图3-7）。

工作部件是一个装在种子箱底部，处于铅垂位置绕水平轴旋转的窝眼轮。窝眼轮的外缘，开有一排根据种子大小制成的圆形型孔。窝眼轮转动时，种子靠重力滚入窝内，经刮种器刮去多余的种子，窝眼内的种子随窝眼轮在护种板的作用下，转到下部投种口落下。

窝眼形状有圆柱形、圆锥形或半球形。适于播小粒球状种子。影响充种性能

图 3-6　2BJQ-7 型高速气吸式精密播种机

图 3-7　窝眼轮式条播机

的因素有窝眼形状与大小、充种角、窝眼轮直径、转速及种子形状、大小、流动性等。窝眼轮线速度较小时，充种系数高。直径大的窝眼轮可增加充种路程，并可降低投种高度，有利于提高播种的均匀性。

2. 技术要点

免耕播种。在留茬和秸秆覆盖地，原茬保留于地表进行免耕播种。用免耕播种机一次完成破茬开沟、深施肥、播种、覆土、镇压作业。

少耕播种。进行必要的地表（轻耙或浅旋灭茬）进行播种作业。

为保证播种质量，播种作业主要采用两种方式：一种是地表覆盖率小于40%可采用免耕播种，使用小型免耕播种机作业；另一种是地表覆盖率大于40%或播种高茬穴播作物时，一般需采用少耕（表土处理后）播种。

（1）播种量。玉米一般亩播种量为1.5~2 kg，半精量播种单双籽率≥90%。

（2）播种深度。播种深度一般控制在3~5 cm，砂土和干旱地区播种深度应适当增加1~2 cm。

（3）施肥深度。一般为8~10 cm（种肥分施），即在种子下方4~5 cm。

（4）选择优良品种，并对种子进行精选处理。要求种子的净度不低于98%，纯度不低于97%，发芽率达95%以上。播种前应适时对所用种子进行药剂拌种、等离子体、磁化或浸种等处理。

三、操作规范

1. 准备工作

（1）作业前应详细阅读机具使用说明书，对玉米免耕播种机进行一次全面的检查，并根据播种农艺要求对玉米免耕播种机进行适应性调整。

（2）打开全部轴承座盖，清除油污和杂物，重新上足润滑油，并更换、修复变形或磨损的零件。零件更换、修理后，各连接螺栓都必须按要求拧紧。特别是要将机器内外的灰尘、污垢、籽粒等杂物清理干净。

（3）每天作业前要对仿形轮支臂轴、施肥开沟支臂轴、地轮支臂轴注入润滑脂，滚子链涂机油。

2. 操作技术

（1）调整播种量。玉米播种器为窝槽式，调整时拧松手柄轮上的固定螺栓。根据种子大小，旋转手柄使粗槽轮进入排种器壳内，窝槽进入壳内的长度一般是种子长度的1.5倍左右。每穴播量一般为2粒。亩播量一般在2.0~2.5 kg。

（2）调整播深。水浇地一般在 3~5 cm。丘陵旱地一般在 4~6 cm。播种前可按要求进行调整。

（3）调整株距。主要通过调换传动链轮来改变，免耕播种机出厂时，镇压轮上的齿轮（主动轮）一般为 19 齿，2 个中间齿轮各为 17 齿排种器轴上的齿轮（被动轮）一般为 20 齿，此时株距为 21 cm。若想改变株距，可通过相互更换链轮来实现。

（4）调整排肥量。拧松调节手轮上的固定螺栓旋转手轮，其外端面与标尺刻线相交处所标数字即为亩施肥量，单位为千克（kg）。

（5）播种作业期间要经常注意观察机器的转速，听声音是否正常，发现异常声响要及时停机检查；认真观察破茬装置，发现秸秆堵塞、缠草、黏土等现象，应立即停车清理；对于有播种监控系统的玉米免耕播种机，应将电源线及信号线顺牵引梁固定后连入拖拉机驾驶室，与播种监视器连接，将播种监视器安装在驾驶员附近并设置为灯光报警模式，以便驾驶员观察播种监视器。如播种报警器报警，应立即停车检查排种部件；定期检查导种管内的播种监测传感器。

（6）保养封存。播种结束后，首先将机器内外尘土、污垢、籽粒等杂物清理干净。其次对机架、罩盖等磨损处补刷油漆。然后将机器架空放在干燥的库房，并盖上油布，以免机器受潮、暴晒和被雨淋。

四、质量标准

玉米免耕播种作业可参考表 3-2 所示技术要求。

表 3-2 玉米免耕作业技术指标

序 号	项 目	性能指标（%）
1	种子机械破碎率	≤1
2	播种深度合格率	≥80
3	施肥深度合格率	≥75
4	行距合格率	≥90
5	粒距合格率	≥95
6	漏播率	≤2
7	重播率	≤2
8	地表覆盖变化率	≤25
9	地表地头覆盖状况	地表平整。镇压连续，无因堵塞造成的地表堆。地头无明显播种、堆肥。无秸秆堆积

第四章 高效植保机械化技术

第一节 喷杆喷雾机械化技术

一、技术内容

喷杆式喷雾机是以拖拉机为动力或自带动力,将喷头装在横向喷杆或竖立喷杆上的机动喷雾机,通过雾化系统将药液分散成雾状液体的一种农机具,是农业施药机械的一种(图4-1)。喷杆喷雾机的作业效率高,喷洒质量好,喷液量分

图4-1 固定道玉米种植喷药机械

布均匀，适合大面积喷洒各种农药，广泛用于作物的播前、苗前、作物生长前期土壤处理、草害和病虫害防治。

喷杆喷雾机的特点是移动方便，喷幅宽，喷洒均匀，药液箱容量大，喷药时间长，作业效率高。喷杆喷雾机的种类根据分类方式不同而分成几种，根据动力不同，可以分为人工和机械喷雾机；根据与配套动力连接方式不同主要分为：牵引式、悬挂式、自走式喷杆喷雾机；根据药液喷洒幅宽不同分为 24 m、18 m、12 m、10 m 等不同幅宽的喷雾机；根据设备底盘与地面的距离不同分为高地隙喷杆喷雾机、常规喷杆喷雾机，高地隙自走式喷杆喷雾机以高地隙自走式底盘为动力，地隙高，田间通过性能好，可适用于玉米、大豆、小麦、水稻、棉花等作物中后期的病虫害防治、喷施叶面肥料和脱叶剂等作业；轮距可调，可适用于不同地区多种作物的种植行距。

二、装备配套

（一）手动喷雾器

1. 手动喷雾器介绍

手动喷雾器是指一类用人力来驱动泵进行喷雾的喷雾器（图 4-2）。其特点是结构简单，价格低廉，操作和维修保养容易掌握。美国在 1850—1860 年生产

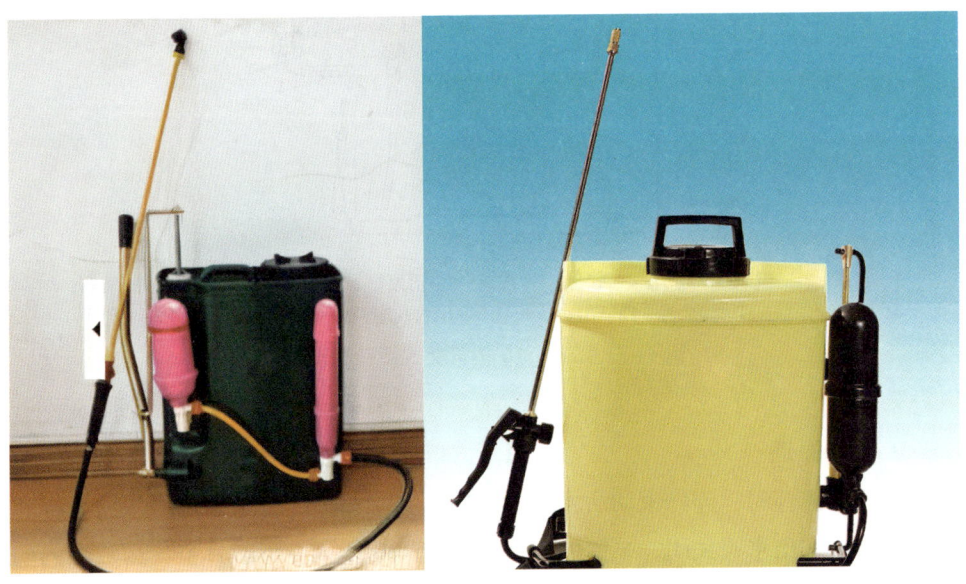

图 4-2　手动喷雾器

制造了第一代手动喷雾器。1936 年中国开始有小批量生产。1949 年以后，生产的数量和形式都有很大发展，目前它仍是中国生产量最大的一类施药机械。喷雾器按其泵类型和装配形式不同可分为背负式、踏板式和压缩式。背负式手动喷雾器型号多，结构上虽有差异，但是工作原理完全相同，工农 –16 型背负式手动喷雾器是其典型代表。

工农 –16 型背负式手动喷雾器构造如图 4-3 所示。工作部件主要是液泵和喷射部件。辅助部件包括药液箱、空气室和传动机构等。这种喷雾器的液泵为往复活塞泵，装在药液箱内，由泵筒、活塞杆、皮碗、进水阀、出水阀和吸水滤网等组成。喷射部件由胶管、开关、套管、喷管和喷头等组成。

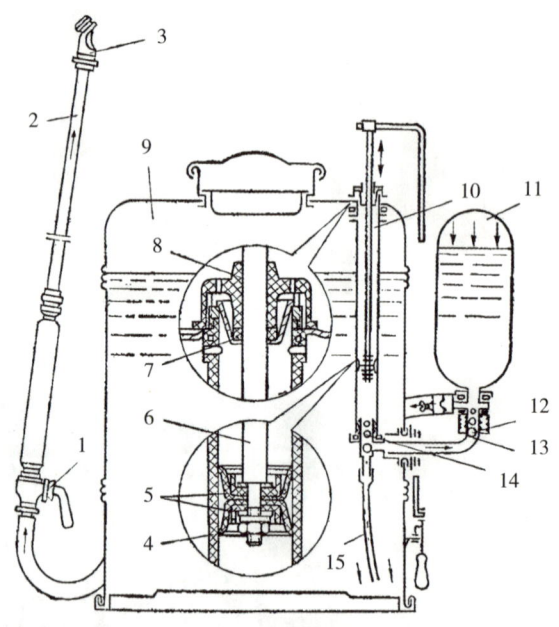

1—开关；2—喷杆；3—喷头；4—螺母；5—皮碗；6—活塞杆；7—毡圈；8—泵盖；9—药液箱；
10—泵筒；11—空气室；12—出水球阀；13—出水阀座；14—进水球阀；15—吸水管

图 4-3　工农 –16 型背负式手动喷雾器

2. 工作原理

当摇动摇杆时，连杆带动活塞杆和皮碗，在泵筒内作上下运动，当活塞杆和皮碗上行时，出水阀关闭，泵筒内皮碗下方的容积增大，形成真空，药液箱内的药液在大气压力的作用下，经吸水滤网，冲开了进水球阀，涌入泵筒中。当连杆带动活塞杆和皮碗下行时,进水阀被关闭,泵筒内皮碗下方容积减少,压力增大,所贮存的药液即冲开了出水球阀,进入空气室。由于塞杆带动皮碗不断地上下运动,使空气室内的药液不断增加,空气室内的空气被压缩,从而产生了一定的压力,这时如果打开开关,气室内的药液在压力作用下,通过出水接头,压向胶管,流入喷管、喷头体的涡流室,经喷孔喷出。

(二)喷杆式喷雾机

喷杆式喷雾机的工作原理如图4-4所示。工作时,悬挂式、牵引式喷杆喷雾机由拖拉机的动力输出轴驱动液泵转动,自走式喷杆喷雾机通过自带动力输出轴驱动液泵转动,将药液从药液箱中以一定的压力排出,经过过滤器后进入调节分配阀,药液通过喷杆上的喷头形成雾状后喷出。调压阀用于控制喷杆喷头的工作压力,当压力高时,药液通过旁通管路返回药液箱。如果需要进行搅拌,可以打开搅拌阀门,让一部分经过液力搅拌器,返回药液箱,起搅拌作用。

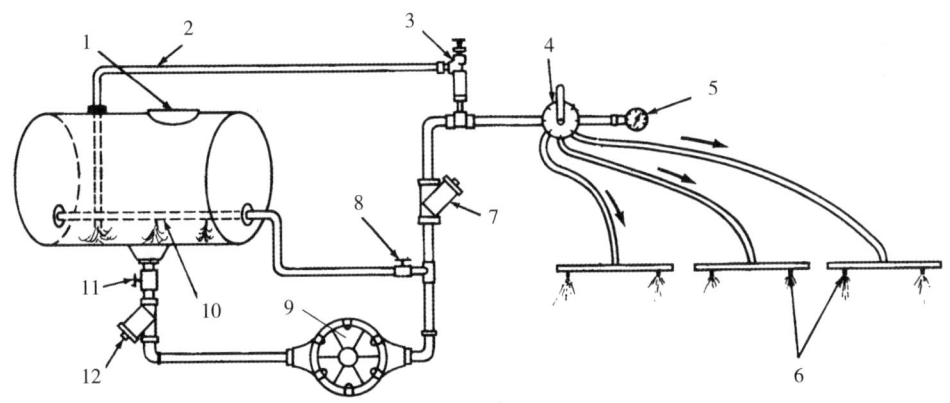

1—药液箱;2—旁通回液管;3—调压阀;4—调节分配阀;5—压力表;6—喷头;
7—过滤器;8—搅拌阀门;9—滚子泵;10—液力搅拌器;11—阀门;12—过滤器

图4-4 喷杆式喷雾机的工作原理

喷杆式喷雾机的种类很多,目前我国主要生产的种类有悬挂式、牵引式、自走式、高低隙四种,喷洒幅宽为3~30 m。悬挂式喷杆喷雾机是一种三点悬挂在拖拉机后面的新型喷药机(图4-5),该喷药机使用灵活,操作简单,缺点是药桶小,非自带动力,只能在作物的播前、苗前土壤处理,后期下地压苗严重。

图 4-5　现代农装（中农机）3WX-650 悬挂式喷杆喷雾机

牵引式喷杆喷雾机相当于后悬挂式升级版，具有流量大、压力强，雾滴度均匀、性能可靠耐用、工作效率高、操作使用方便和维修保养简单等优点。缺点是非自带动力，智能应用在作物的播前、苗前土壤处理，后期下地压苗严重。

如中机美诺推出的牵引式 3880 喷杆式喷雾机（图 4-6），该设备配套动力

图 4-6　中机美诺 3880 喷杆式喷雾机

180马力（1马力≈735W）以上，优点是喷雾幅度宽，达到18m，作业效率高。喷杆升降折叠全自动液压控制，在驾驶室可完成操作过程，省时省力，配装多功能组合阀，集调压、换向、分段控制、过滤、压力显示为一体，可实现分段均衡调压等量喷洒。科技含量高，使用四级过滤，不堵塞喷头配置高，使用性能可靠雾化均匀度高，施药精准高效，可选装GPS电脑变量喷雾系统搅拌系统采用回流和高压射流搅拌双向配置，能充分保证药液均匀度。此外，四连杆带仿形平衡机构，能进一步消除不平地面带来的冲击，使喷雾机平衡稳定性更高，适用于超长地块。

自走式喷杆喷雾机（图4-7、图4-8、图4-9）采用全新技术和人性化的结构设计，配备动力，性能稳定，能够实现启动、行走、喷药等动作的单独控制、专用喷雾系统，雾粒细，雾化均匀，能够大大提高农药的利用率，喷药效率高。离地间隙可调，可根据作物的不同苗高来调换轮胎，可使车底盘不挂苗头。轮距可调，可根据作物的不同种植行距来调整后轮的行走宽度，大大减少工作时对作物的损伤。

图4-7　东方红3WX-1200G自走式高秆作物喷杆喷雾机

图 4-8　3WX-280G 型自走式高秆作物喷杆喷雾机

图 4-9　东方红 3WX-2000G 喷杆喷雾机

高低隙喷杆喷雾机采用封闭驾驶室人性化设计,驾驶室升降可调,视野宽阔,方便舒适。驾驶全封闭结构解决了对喷施操作者的毒害问题,适用于高秆作物(如玉米等)。

三、操作规程

1. 手动喷雾器操作规程

（1）根据需要合理选择合适的喷头。国内目前常用的空心圆锥雾喷头有几种孔径的喷孔片，大孔的流量大、雾滴粗、喷雾角大，相反，孔小的流量小、雾滴细、喷雾角小，应当根据喷雾作业的要求和作物的情况适当选择，避免始终使用一个喷头的现象。

（2）注意控制喷杆的高度，防止雾滴漂失。

（3）使用背负式手动喷雾器时要注意不要过分弯腰作业，防止药液从桶盖处流出溅到身上。

（4）加注药液不允许超过规定的药液高度。

（5）手动加压时应当注意不要过分用力，防止将空气室打爆。

（6）手动喷雾器长期不使用时，应当将皮碗活塞浸泡在机油内，以免干缩硬化。

（7）每天使用后，将手动喷雾器用清水洗净，残留的药液要稀释后就地喷完，不得将残留药液带回住地。

（8）更换不同药液时，应当将手动喷雾器彻底清洗，避免不同药液对作物产生药害。

2. 喷杆式喷雾机的使用操作规程

（1）机具准备。

——作业前对机具进行检修保养，使机具各部分处于良好的技术状态，做到各连接部分畅通不漏，开关灵活，雾化良好，并按说明书要求进行必要的润滑。

——喷量测定，按正常工作时的喷雾压力和确定的喷孔喷量，测量单个喷头的喷量（L/min），喷杆总喷量等于各喷头喷量的总和。

——进行试喷，应检查压力指示装置，安全阀工作是否正常，喷雾压力，雾化质量及各部分连接处是否漏滴等。

（2）喷雾作业。

——施药量的调整。单位面积有效药剂施用量由农业技术要求确定，喷雾作业时，可以通过调整喷药量、药液浓度和作业行驶速度来实现。如果浓度大，喷药量可以少一些，反之可以大一些。喷药量的多少还应考虑地块的长度，药箱的容积和不同浓度对药效的影响。喷药量的多少与喷雾压力有关，少量改变可调喷雾压力，但喷雾压力直接影响雾化质量，故一般在作业前确定，作业过程中不得随意改变。

由此，可以确定机组作业时的前进速度 V：

$$V = \frac{40}{B \times Q} \times g$$

式中：V——机组前进速度，km/h；

g——喷雾机的喷药量，L/min；

Q——单位面积施药量，L/亩；

B——喷雾机的喷幅，m。

前进速度不宜过高，否则机具颠簸会影响喷洒均匀度。行驶速度确定后，作业过程中不得任意改变。

——喷杆高度的调整。向地面全面喷施除草剂时，喷杆高度对地面受药量的均匀度影响很大（图4-10）。喷施除草剂应选用扇形雾喷头，喷杆高度应使相邻喷雾面交叉重叠，使地面受药均匀。当扇形雾喷雾角为110°，喷头在喷杆上间距为50 cm时，喷杆高度为50 cm。当喷杆高度过低，见图4-10位置a，相邻喷雾面因接不上而漏喷，在图4-10位置b时重叠不够，地面不平将造成漏喷，处在图4-10的位置c为正确高度，地面受药最为均匀。此外，喷杆应与地面始终

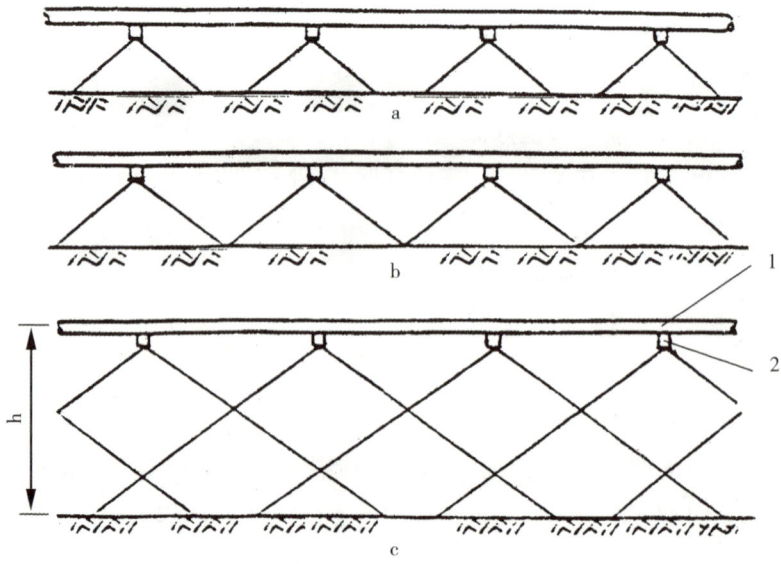

a. 位置太低；b. 临界位置；c. 合适位置
1—喷杆；2—喷头

图4-10 喷杆高度对喷洒质量的影响

保持平行。

——行走方法,一般采用梭形走法。在进行无作物全面喷雾时,应有明显标志指示行走路线,防止重喷或漏喷。若对大田作物行间喷雾时,应在播种时留出拖拉机喷药作业道,保证相邻喷雾工作幅的相接。操作驾驶员必须使前进速度和工作压力保持稳定,同时还应注意喷头堵塞和泄漏;药液箱用空,造成泵脱水运转;喷杆碰撞障碍物等。

——作业中的安全技术,应穿戴必要的安全保护用品;工作中禁止吃喝,手应彻底洗净后,才能饮食;作业中注意风向改变;田间排除故障时,应先卸压后再进行拆卸;加药时注意防止飞溅;药液容器要集中处理等。

四、质量标准

喷杆喷雾机作业参照农业行业标准《喷雾机(器)作业质量》(NY/T 650—2013)。

(1)非内吸性药剂常规量。喷雾药液覆盖率≥33%。

(2)杀虫剂低量。喷雾雾滴沉积密度≥25滴/cm^2,超低量喷雾雾滴沉积密度≥10滴/cm^2。内吸性杀菌剂低量喷雾雾滴沉积密度≥20滴/cm^2,非内吸性杀菌剂低量喷雾雾滴沉积密度≥50滴/cm^2;杀菌剂超低量喷雾雾滴沉积密度≥10滴/cm^2。内吸性除草剂低量喷雾雾滴沉积密度≥30滴/cm^2,非内吸性除草剂低量喷雾雾滴沉积密度≥50滴/cm^2。

(3)手动喷雾器常规量。喷雾雾滴分布均匀性≤30%,手动喷雾器低量喷雾雾滴分布均匀性≤40%。机动喷雾器常规量喷雾雾滴分布均匀性≤50%,机动喷雾器低量喷雾雾滴分布均匀性≤50%;机动喷雾器超低量喷雾雾滴分布均匀性≤70%。作物机械损伤率≤1%。

第二节　无人植保机械化技术

一、技术内容

无人植保机械化技术主要依托植保无人机进行植保作业。植保无人机是用于农林植保作业的无人机，主要通过地面遥控或 GPS 飞行控制，实现药液喷洒作业（图 4–11）。农林植保无人机由飞行平台（固定翼、单旋翼、多旋翼）、GPS 飞行控制和喷洒机构三部分组成。它可以通过地面遥控或 GPS 飞行控制喷洒药剂、种子和粉末。植保无人机及其替代传统人工喷洒的低空作业、小批量应用技术符合当前中国农业现代化发展的要求，大大提高了中国植保机械化水平。植保无人机和其他行业无人机最大的区别在于植保无人机属于低速无人机，一般最高速度在 10~13 m/s（时速 50 km 以内），其他行业无人机最高时速一般在 100 km 左右，更有甚者可以达到 200 km/h。

图 4–11　大疆 T50 植保无人飞机

无人机植保特点是可以减少劳动力投入，降低农民的劳动强度，使用无人机作业时，操作人员与农药不直接接触，可防止农药通过皮肤渗入人体，对人体没有危害，杜绝了操作人员中毒事故和死亡。使用无人机进行药物喷洒时，作业效率为 2.67~4 hm²/h，每日作业面积可达到 20~32 hm²，作业效率显著提高，而且能够统一作业，缩短作业时间，有利于及时控制病虫害。

二、装备配套

（一）植保无人机的分类

植保无人机的类型有很多种，根据不同的分类方式而不同，按照机翼不同可分为多旋翼植保无人机、共轴直升机和单旋翼植保无人机。植保无人机动力分为电池动力或者燃油动力，电动植保无人机的特点是结构简单明了，便于维护保养，机器整体重量偏轻，转场方便，尤其是复杂地形的作业，单人便可轻易拿起机器转场。油动植保无人机的特点是燃料容易获取，直接动力成本低于电动植保无人机，重量大，同等载荷情况下油动机型的风场更大，下压效果更明显。油动植保无人机的缺点是发动机维护繁杂、发动机寿命短，一般工作 300 h 左右就需要更换发动机，而且每 100 h 就需要对发动机进行保养；由于植保作业是低速作业，发动机依靠风冷满足不了散热需求，尤其是在高温高湿季节，油动植保无人机有明显的不适应性，虽然目前油动植保无人机大部分已经更换为水冷发动机，但仅是稍有改善，未能在本质上解决散热和发动机寿命问题。油动植保无人机的工作依赖空气中的氧气，所以不适用于高海拔的作业环境。油动植保无人机是目前所有植保无人机中操作难度最高的一种机型。

按动力混合机型的方式划分为以下几种。

（1）多旋翼植保无人机分为电动多旋翼植保无人机、油动多旋翼植保无人机（图 4-12）、油电混动多旋翼植保无人机、油动变距植保无人机。

（2）共轴植保直升机一般为油动机型，目前在实际的植保作业中应用非常少。

（3）单旋翼植保无人机（图 4-13）分为电动单旋翼和油动单旋翼。

多旋翼植保无人机又分为：四旋翼、六旋翼、八旋翼、八轴十六旋翼等机型。单旋翼植保无人机有双桨、三桨两种型号。

目前市面保留量最多的是多旋翼植保无人机，多旋翼植保无人机飞行中水平移动和升降主要是依靠调整桨叶的转速实施各种动作，特点是相邻两桨叶旋转方向相反，所以它们之间的风场会相互干扰，造成一定的风场紊乱。优点是简单易学、短时间即可上手作业，多旋翼植保无人机的自动化程度领先于其他机型，有过航模基础的人基本都会自己组装，对比相同载荷的其他机型造价更低。除目前

图 4-12　油动多旋翼无人机

图 4-13　单旋翼农用无人机

的油动多旋翼植保无人机外,绝大多数适合于大田作业。单旋翼植保无人机的水平移动和升降主要是依靠调整主桨的角度实现的,转向是通过调整尾部的尾桨实现的,主桨和尾桨的风场相互干扰的概率较低。特点是风场统一、下压风场大,能够满足多种作物如大田作物、高秆作物、果树和较茂密作物的作业需求。优点是作物适用面广、可有效延长作业周期,功效比较高。缺点是单旋翼植保无人机的造价非常高、操控难度大,对飞手操作水平要求较高。

（二）植保无人机的构造及原理

1. 植保无人机飞行平台构造

植保无人机控制系统包括无人机植保综合管理模块、高度控制子模块、航路导航控制子模块、喷洒控制子模块，其特点是精准、高效、智能。植保无人机飞控和一般无人机飞控不同，其行业应用特性决定了它应具有以下功能。

（1）自主飞行。支持全程自主飞行，可根据预先测绘的航线与设置的飞行参数实现一键起飞，按照预定航线自动飞行以及自动降落，无须摇杆操作。

（2）精准喷洒。针对不同作物和作业环境，设定飞行速度和喷洒流量，确保精准喷洒，亩用量恒定，并支持避障停喷、断点续喷。

（3）智能规划。支持不规则地块的快速测绘，自动完成航线规划，并根据作业需求，预设飞行和喷洒参数。

（4）安全稳定。采用工业级元器件、传感器，耐极端环境。支持热插拔、宽电压输入，内置 UPS 断电记忆。多项备份冗余设计，确保系统安全、稳定飞。

（5）RTK 高精度定位。RTK 定位技术为农田测绘、无人机飞行提供厘米级的高精度定位，同时具有强大的抗磁干扰能力，保障无人机在高压线、矿区等强磁干扰环境下也能稳定飞行。

（6）航线避障。提供基于 GNSSRTK 精确定位的航线避障功能，可在测绘阶段标识出障碍物，并自动生成避障航线，保证飞行安全。

（7）双链路传输。无人机、A2 智能手持终端与云端信息相互连通，在为大片农田进行超视距作业时，A2 能与云端通信，实时查看飞行器的飞行和喷洒参数，实现远程监控。

（8）农田扫边。针对形状复杂的农田边界，提供基于 GNSSRTK 精准定位的自动扫边功能，保证作业效果，无须人工补扫。

2. 电动无人机动力系统

电动无人机动力系统主要由桨叶、电子调速器（电调）和电机、电池组成，飞控将控制信号发送给电调，电调输出是三相脉动直流驱动电机转动，电机再带动桨叶进行旋转，桨叶产生反作用力来带动机体飞行。无人机使用电动机作为动力具有其他动力装置无法比拟的优势，如结构简单、重量轻、使用方便、转换效率高、噪声低、红外特征小、维护简单等优点，同时又能提供与燃油机不相上下的比功率。植保无人机因工作环境恶劣，机身长期处于酸碱、强腐蚀等有害药雾中，为了保障植保无人机能稳定、长时间工作，需要将无人机绝大部分元件密封

处理，避免元件受损；植保机的电机、电调、电池是专门设计的，防止药雾进入的同时还要保证工作时产生的热量能正常发散出去，植保无人机必须具有一定的防尘、防水性能才可以达到实用效果。螺旋桨是直接将机械能转变为推力的部件。螺旋桨是有正桨（右旋前进的桨）与反桨（左旋前进的桨）两种类型，如果使用两个电机，一个电机正向旋转，另一个电机反向旋转，可以互相抵消这种反扭力。电机、电调和螺旋桨搭配应匹配协调，这样在相同的推力下可消耗更少的电量。

3. 无人机定位导航系统

无人机导航、定位装置大致可分为自主式与非自主式两类；无人机的机载导航系统主要有惯性导航、无线电导航、卫星导航、组合式导航等，目前北斗已经和 GPS 签署兼容协议，可以为用户提供更加精确的导航数据，国内无人机一般可接收到近 20 颗 GPS+北斗导航卫星的信号。通过无人机定位导航系统可以实现航线规划功能，主要目标是依据地形信息和执行任务的环境条件信息，综合考虑无人机的性能、到达时间、耗能、药液以及飞行区域等约束条件，为无人机规划出一条或多条自出发点到目标点的最优或次优航迹，保证无人机高效、圆满地完成飞行任务。

4. 无人机通信链路

无人机通信链路是无人机系统的重要组成部分，是飞行器与地面系统联系的纽带，主要指用于无人机系统传输控制、无载荷通信、载荷通信三部分信息的无线电链路。无人机数据链按照传输方向可以分为上行链路和下行链路。上行链路主要完成地面站到无人机遥控指令的发送和接收，下行链路主要完成无人机到地面站的遥测数据以及红外或电视图像的发送和接收，并根据定位信息的传输利用上下行链路进行测距，数据链性能直接影响到无人机性能的优劣。

5. 施药系统的组成与结构

喷洒系统包括继电器、电动泵和喷头组。继电器与电动泵连接，用于控制电动泵开关。电动泵通过药液管与喷头组连接，喷洒控制信息输出接口与继电器连接，飞控处理单元依据是否到达喷雾区域进行继电器开关的控制，从而控制电动泵是否进行喷雾作业。植保无人机喷洒系统中主要使用的喷头有两种，压力喷头和离心喷头。植保无人机喷洒系统主要包括药箱、水泵、软管和喷头。配好的农药装入药箱，水泵提供动力引流，再通过导管到达喷头，将农药均匀喷洒到作物表面。植保无人机使用的水泵通常分为蠕动泵、齿轮泵和高压泵。齿轮泵也叫正排量装置，它像一个缸筒内的活塞，当一个齿进入另一个齿的流体空间时，因为液体压缩比很小，所以液体和齿就不能在同一时间占据同一空间。这样液体就被机械性地排开，水泵每转一转排出的液体量是一样的。低空喷雾作业中，最需要解决的难点问题是提升药液的雾化，从而降低雾滴漂移，这样就能够大大提升雾滴于作物中的穿透性，与此同时还要提高叶面的沉积率，进一步提升农药的利用率。与此同时，还可以根据无人机与作物长势的特点，做出合适的喷施指令，借助可控制药装备进行执行实施，比如改变喷雾的流量、压力及高压静电等参数，从而明确最佳喷施效果。按照实时无人机的具体信息，如飞行高度、飞行速度，再依据施药深度要求，通过实时计算，这样就能获取到药液喷施流量。

图 4-14 为无人机田间作业场景。

图 4-14　无人机田间作业场景

三、操作规范

1. 药剂选配

无人机植保机械化操作在低容量喷雾模式下运行，雾滴小，用药少。这种特殊的操作模式使其在用药特性、药剂形式、作用模式等方面与其他植保机器不同。

（1）剂型。无人机植保作业使用喷雾法，且喷雾的粒径较小，因此不能选择粉末剂型，但应选择水基剂型，如水性乳液、微乳、乳油、悬浮液、水性药剂

等。使用可湿性粉末，可溶性粉末可能会出现喷嘴堵塞和缩短水泵使用寿命等问题。

（2）用药。无人机植保剂稀释率低，不能使用剧毒、高毒农药，否则会造成人员中毒。高毒性和剧毒农药，如甲酚、对硫磷、久效磷、脒、氯布韦、甲胺酮和灭多威，不应作为使用剂使用。

（3）作用方式。无人机飞行更快，使用更少的药物。作物表面的每一部分都不可能附着在试剂上，因此最好是吸收的试剂。内吸收剂是指使用后可被植物吸收并通过组织的其他部分运输，导致害虫通过接触和死亡而被吸入或中毒的物质。

（4）配药。配药人员应根据二次稀释法的操作要求，在防护装备穿戴齐全的前提下，在开放空间配药。禁止在密闭空间内随风配药。否则，它会导致人体中毒。值得注意的是，部分植保团队习惯佩戴一次性塑料薄膜手套，这些手套没有弹性，耐用性和适用性较低，无法保证配药人员的安全。因此，应使用耐久性、抗渗性和耐腐蚀性良好的丁腈橡胶手套。

2. 环境观察

无人机植保机械化作业的高度较高，雾滴的体积较小，药液容易流动和蒸发，因此天气条件影响飞行防护作业的效果。

（1）风力。风力对液滴的沉积和飘移有重大影响。二级风力有利于液滴的沉积，且飘移距离较短。高于三级的风速将导致液滴沉积减少，飘移增加。因此，植保无人机的操作应在三级风速范围内，以避免产生飘移。喷洒除草剂应尽可能在二级风速下操作，杀虫剂和杀菌应三级风速下操作，以避免产生飘流毒。

（2）风向。雾滴将随风飘浮，在无人机风的作用下，空气中会有农药成分，实际喷洒面积会因风速的大小而变化。因此，无人机在运行过程中应密切注意风向的变化，并注意以下三点：一是禁止操作人员处于无人机风下的位置，避免农药中毒；二是检查作业区域风向是否有药物敏感动物和植物，以免产生飘流药物损害；三是如果进行其他敏感作业，应在现场区块风向下的边缘区域定义一个安全隔离区，以防止药液流入相邻地块并造成药品损害。

（3）温度和湿度。温度对药液的作用有很大影响。低温会导致低效。低于0℃的低温甚至会造成损坏。温度越高，药液蒸发速度越快，雾滴沉积量越少。同时，不同药剂的温度特性差别很大，农药适应的温差也很大，建议在15~30℃之间可以进行操作，严禁在0℃以下、35℃以上的环境下操作。低湿度很容易导致雾滴蒸发加剧。因此，低湿度区域应避免在高温期间操作，并适当提高药液的用量，增加雾滴的直径，以减少雾滴的蒸发。

（4）田块要求。无人机植物保护机械化喷洒操作部分不能位于禁飞区。周围不应有大型变电站、5 m以下密集无线网络和其他空中障碍物。

3. 无人机作业参数确定

无人机是一种植物保护仪器，用于向作物喷洒液体药物。其运行应确保雾滴喷洒均匀，分布范围更广，并有一定的沉积量，以达到植保运行的效果。

（1）高度。压力式风机喷嘴喷雾液体具有中间多、两侧少的特点，因此相邻喷嘴应保持30%以上重叠的喷雾幅度，以确保均匀喷雾。正常情况下，无人机的相对工作高度应保持在1.8~2.0 m，过高会导致药液漂移和蒸发加剧，过低会导致泄漏。对于易倒伏的作物，无人机的相对工作高度应保持在2.0~2.5 m。如果目标位于作物的中下部（如螟虫、红蜘蛛、稻飞虱等），无人机的相对工作高度应保持在1.6~1.8 m。

（2）速度。运行速度影响雾滴的穿透和漂移。随着操作速度的增加，穿透力降低，液滴沉积减少，液滴漂移增加。各大田作物视病虫害情况而定，作业速度应为4~6 m/s。随着飞行速度的增加，总雾滴沉积速率迅速下降。需要注意的是，雾滴的粒径和运行速度应适当降低，以确保雾滴在作物的中下部充分沉积。内吸性杀虫剂和杀菌剂对雾滴在作物中下部的沉积和覆盖的要求低于农药，这是由于作物可以通过内吸达到整株的效果。

（3）行距。行距和有效喷涂宽度相等，不会出现再喷涂和漏喷涂问题。排距大于喷雾宽度时会出现漏喷雾，反之会出现再喷雾。植保无人机的喷洒范围与飞行高度和速度密切相关。高度越高，喷雾宽度越宽，飞行速度越快，喷雾宽度越宽。因此，作业线间距的设置应根据作业高度、飞行速度等实际情况进行调整。无人机的建议操作高度在1.8~2.0 m，此时两个喷嘴的喷雾场可以有效重叠。作业速度应根据作物、病虫害等情况选择。作物密度越高，作业速度越低，最常见的操作速度为3.0~6.0 m/s。

（4）用药量。单位面积的用量与泵的喷射速率、行距设置和运行速度密切相关。在单位面积剂量相同的情况下，泵的喷洒速率与操作速度成正比，而行间距与操作速度成反比。可以看出，单位面积剂量直接反映了植保无人机的运行状态，影响运行效果。飞行速度与单位面积剂量成反比。单位面积剂量越低，飞行速度越快，雾滴穿透性越差，雾滴在较高作物中下部的沉积越低。对于高秆作

物、密集作物和耗水量较高的药物，应增加单位面积的用量。泵流量与单位面积的药物消耗成比例。单位面积药量越高，泵流量越高，喷嘴产生的雾滴粒径越小，雾滴越小，将增加漂移和蒸发。在植保无人机的设置过程中，在设置单位面积剂量后，调整飞行速度将自动匹配水泵流量。行距对单位面积剂量的影响很小，因为行距必须与喷洒宽度完全一致，在大多数情况下，有效喷洒宽度在 4.0~5.0 m，变化范围很小。

4. 作业控制

（1）防治时机。病虫害从轻微到严重。良好的植物保护首先涉及预防，其次涉及控制。重点掌握农业知识，精准防治病虫害，在初级阶段进行病虫害防治，而不能等到疫情暴发阶段才进行防治。

（2）掌握抗性情况。应结合当地病虫害和药物，及时调整控制方案。长期持续使用一种杀虫剂会导致有害生物的耐药性不断增加。因此，除了采用农药混合方法，还可以交替和轮流使用不同品种或类型的农药，以提高控制效果。

（3）熟悉作业环境。作业前必须观察周边作物种植、畜牧养殖、水产养殖等情况，避免作业漂移事故。此外，飞机与人员或障碍物之间的安全距离非常重要。在计划操作时，应提前熟悉地形，并检查飞行路径，以查看是否有障碍物和信号干扰。然后确定飞机的起降点和操作路线。操作过程中应远离人群，并有专人负责位置和障碍物的报告。日常作业结束后，应记录作业结束点，做好无人机的清洁、维护和检查工作，记录当天的作业区域、当天的药品用量和总作业区域，以方便第二天的作业。

四、质量标准

无人植保机作时，可参照《植保无人机作业质量》（T/CAMA 06—2019）。

1. 施液量

偏差 ≤ 5%。

2. 雾滴沉积密度

（1）内吸性杀虫剂每公顷用量 ≤ 7.5 L 时，雾滴沉积密度 ≥ 10 滴 /cm^2；每公顷用量在 7.5~15 L 时，雾滴沉积密度 ≥ 15 滴 /cm^2；每公顷用量在 15~45 L 时，雾滴沉积密度 ≥ 20 滴 /cm^2；每公顷用量 ≥ 45 L，雾滴沉积密度 ≥ 30 滴 /cm^2。

（2）非内吸性杀虫剂每公顷用量 ≤ 7.5 L 时，雾滴沉积密度 ≥ 10 滴 /cm^2；每公顷用量在 7.5~15 L 时，雾滴沉积密度 ≥ 20 滴 /cm^2；每公顷用量在 15~45 L 时，雾滴沉积密度≥30滴/cm^2；每公顷用量≥45 L，雾滴沉积密度≥50滴/cm^2。

（3）内吸性杀菌剂每公顷用量≤7.5 L时，雾滴沉积密度≥10滴/cm^2；每公顷用量在7.5~15 L时，雾滴沉积密度≥15滴/cm^2；每公顷用量在15~45 L时，雾滴沉积密度≥20滴/cm^2；每公顷用量≥45 L，雾滴沉积密度≥30滴/cm^2。

（4）非内吸性杀菌剂每公顷用量≤7.5 L时，雾滴沉积密度≥10滴/cm^2；每公顷用量在7.5~15 L时，雾滴沉积密度≥20滴/cm^2；每公顷用量在15~45 L时，雾滴沉积密度≥30滴/cm^2；每公顷用量≥45 L，雾滴沉积密度≥50滴/cm^2。

（5）内吸性除草剂每公顷用量≤7.5L时，雾滴沉积密度≥10滴/cm^2；每公顷用量在7.5~15 L时，雾滴沉积密度≥15滴/cm^2；每公顷用量在15~45 L时，雾滴沉积密度≥20滴/cm^2；每公顷用量≥45 L，雾滴沉积密度≥30滴/cm^2。

（6）非内吸性除草剂每公顷用量≤7.5 L时，雾滴沉积密度≥10滴/cm^2；每公顷用量在7.5~15 L时，雾滴沉积密度≥20滴/cm^2；每公顷用量在15~45 L时，雾滴沉积密度≥30滴/cm^2；每公顷用量≥45 L，雾滴沉积密度≥50滴/cm^2。

3. 雾滴分布均匀性

施液量每公顷用量为≤7.5 L时，雾滴分布均匀性为≤65%；施液量每公顷用量为≥7.5 L时，雾滴分布均匀性为≤45%。

第三节 中耕除草机械化技术

一、技术内容

1. 技术定义

中耕是在作物生长期间进行田间管理的重要作业项目，农作物的苗期，通常在苗株行间进行除草、松土、培土等作业，这些作业通常称为中耕作业（图4-15），其目的是改善土壤状况，蓄水保墒，消灭杂草，为作物生长发育创造良好的条件。

图 4-15 中耕作业

2. 技术特点，好处，作用

中耕除草是传统的除草方法，生长在作物田间的杂草通过人工中耕和机械中耕可及时防除杂草。中耕除草针对性强，干净彻底，技术简单，不但可以防除杂草，而且给作物提供了良好生长条件。在作物生长的整个过程中，根据需要可进厂多次中耕除草，除草时要抓住有利时机除早、除小、除彻底，不得留下小草，以免引起后患。群众中耕除草总结出"宁除草芽，勿除草叶"，即要求把杂草消灭在萌芽时期。

二、装备配套

1. 设备分类

按动力来源，中耕机可分为人力中耕机、畜力中耕机和机力中耕机；按与动力机的连接形式，中耕机可分牵引式中耕机、悬挂式中耕机和直连式中耕机；按工作部件的工作原理，中耕机可分为锄铲式中耕机和回转式中耕机。图 4-16 为小型中耕机作业场景。

2. 机具结构及工作原理

常用中耕机械作业部件类型有除草铲、通用铲、松土铲、培土铲和垄作铧子等。目前在我国使用较多的是通用机架中耕机，它是在一根主梁上安装中耕机组，也可换装播种机和施肥机等，通用性强，结构简单，成本低。

图 4-16 小型中耕机作业

除草铲，除草铲可换装播种或施肥部件，用于作物行间第一次和第二次松土除草作业。除草铲分为单翼式、双翼式和通风式 3 种。单翼除草铲用于作物早期除草，工作深度一般不超过 6cm。单翼除草铲由倾斜铲刀和垂直护板组成，铲刀刃口与前进方向呈 30°角，平面与地面为 15°角，用以切除杂草和松碎表土；垂直护板可防止土块压苗，护板下部有刃口，可防止挂草堵塞。护板前端有垂直切土用的刃口。双翼除草铲的作用与单翼除草铲相同，通常与单翼除草铲配合使用，其除草作用强但碎土能力较弱。

通用铲框架铰链式，通用铲框架铰链式中耕机的碎土能力比除草铲强，因而被广泛使用。其兼有除草和碎土两项功能，但土壤侧向位移较大，耕后易形成浅沟。通用铲框架铰链式中耕机也分为双翼和单翼 2 种。双翼铲配置于作物行间的中部；单翼铲配置于苗行两侧，可防止因土壤侧移而覆盖幼苗。

松土铲，松土铲主要用于作物行间深松土壤而不翻动土层，有利于蓄水保墒和促进根系发育。松土铲由铲尖和铲柄两部分组成。铲尖是工作部分，分为凿形、箭形和铧形 3 种。凿形松土铲的宽度很窄，利用铲尖保证扁形松土区的宽度。作业深度一般为 10~12 cm，最深可达 18~20 cm。箭形松土铲的铲尖呈三角形，工作面为凸曲面，耕后土壤松碎，沟底比较平整，松土质量较好。我国新设计的中耕机上，大多采用这种松土铲。铧式松土铲适用于垄作地第一次中耕松土作业，铲尖呈三角形，工作面为凸曲面，与箭形松土铲相似，只是翼部向后延伸比较长。

培土器，培土器由铲尖、分土板和培土板组成，主要用于玉米、棉等中耕作物的培土除根和灌溉地的行间开沟。作业时，铲尖切开土壤，使之破碎并沿铲面升至分土板上，而后被推向两侧，并由左、右培土板将其培到苗行上。培土板一般可以调节，以适应植株高矮、行距大小及原有垄形的变化。耕深为 11~14 cm，由沟底至垄顶高度为 16~25 cm。

垄作铧子，垄作铧子的铲尖近似三角形，主要用于东北垄作地区的行间松土、除草和培土作业。作业时，土壤沿曲面上升，一部分培于垄上，一部分从后部落入垄沟。耕深可达 8~12 cm。

星轮松土器，星轮松土器由前后两排串装在水平横轴上的星形针轮组成星轮单组，在土壤反力作用下转动前进，可有效破碎地表板结层。

3. 功能特点及应用范围

（1）锄铲式中耕机（图 4-17）。中耕机的主要工作部件分为锄铲式和回转式两大类。其中，锄铲式应用较广，更换不同的作业部件可实现除草铲、松土、培土等功能。

图 4-17　锄铲式中耕机

（2）回转式中耕机（图 4-18）。结构紧凑，操作轻便、调头灵活，适合山区、坡地、坝区垄间培土、除草作业，具有开沟、中耕、培土功能，根据用户需求可配行走轮、作业轮、开沟除草刀、中耕抛土刀等作业机具。

图 4-18 回转式中耕机

三、操作规范

1. 准备

(1) 清除影响中耕机作业的障碍物,不能清除的应做出明显标记。

(2) 锄铲选择。除草可选择单翼铲或双翼铲,单翼铲用于作物早期除草,双翼除草铲的作用与单翼除草铲相同,通常与单翼除草铲配合使用,其除草作用强但碎土能力较弱。

(3) 锄铲安装。将中耕机放在水泥平台上,在安装板上画出锄铲安装位置,然后将木块放在中耕机轮下,木块厚度等于中耕深度加上安装板厚度减去轮子下

陷量（一般为 2~3 cm）。使机架处于水平状态，工作机构处于工作状态，起落闸杆放在扇形齿板中间位置。锄铲对准安装板水平放在三角梁下，松软土地，整个锄铲刃部应与支持面接触；坚硬土地，锄铲后端可高于前端 10 mm，锄铲重复度为 5~10 cm。

2. 操作

（1）条播作物的中耕除草应按播种方向进行，全面封闭除草时，应当与耕翻方向或上次中耕方向垂直进行。

（2）机组转弯地带的区划。行间中耕时，转弯地带与播种相同；全面封闭除草时，如机组由 3 台及以上的中耕机组成，转弯地带的宽度为机组幅宽的 2 倍，如由 1~2 台中耕机组成，则为 3 倍。

（3）使用调整。确定中耕机所耕行数，如为偶数，则从中耕机的中心线向左右各量行距的一半，即为苗带中心，以后按行距依次向左右量取。如行数为奇数，则中耕机的中心线即为苗带中心线，再向左右按行距依次量取，划出苗带即可。

（4）根据行距和行数确定中耕机轮距，当行数为偶数时，轮距一般为行距的 4~6 倍；当行数为奇数时，轮距为行距的 3~5 倍。

（5）在固定起落杆齿板上画出耕深标记，并在锄齿的铲柄上也做出耕深的记号。

3. 维护保养

作业前，要认真检查燃油箱的燃油，水箱的冷却水和齿轮箱的润滑油是否足够，若不够，应添加，以免损坏机件或耽误作业进度；作业中，还要仔细观察工作部件成两列留出的护苗带是否有埋苗现象，若有，应停机调整；过田埂、水沟、人应离座，扶机缓慢通过，严禁高速冲过田埂、水沟；当中耕机发出异常响声，应立即停机检修。

4. 注意事项

（1）行间中耕时，中耕路线应与播种路线相符，中耕机组行距应与播种机组的行距相符，中耕行数应与播种行数相符，或播种行数是中耕行数的整数倍，否则就会伤苗。

（2）中耕机两侧边行应按半个行距安装锄铲，因为在播种时，邻接行距可能有大有小，若安装整幅，容易伤苗。

（3）中耕机组的轮距要与作物行距相适应。工作中要求行走轮走在行间，轮缘距秧苗不宜小于 10 cm。

（4）驾驶员应熟悉行走路线，避免错行造成伤苗和铲苗，避免倒车。

（5）机组行走速度不宜过快，防止锄铲抛土力量过大，造成埋苗。

（6）中耕锄铲要保持锋利，一般每工作 10 h 应磨刃一次。

四、质量标准

作业质量参照《苗间除草机质量评价技术规范》（DB23/T 930—2005）。在土壤含水率为 15%~25%，土壤硬度（坚实度）$\leqslant$ 2.0 MPa，苗自然高度 $\leqslant$ 15 cm 条件下，机器的作业质量应符合以下的规定。

（1）灭草率 $\geqslant$ 80%。

（2）伤、埋苗率 $\leqslant$ 5%。

（3）碎土良好，土壤疏松，每平方米范围内，最大外形尺寸不小于 5 cm 的土块不应超过 3 个。

第五章 节水灌溉机械化技术

第一节 喷灌机械化技术

一、技术内容

喷灌技术是利用管道和压力喷洒器将水流分散成细小水滴，均匀地喷洒到田间，对作物进行灌溉。它作为一种先进的机械化、半机械化灌水方式，在很多发达国家已广泛采用。喷灌技术的主要优点如下：节水效果显著，水的利用率可达80%。一般情况下，喷灌与地面灌溉相比，1 m^3 水可以当作 2 m^3 水用；作物增产幅度大，一般可达 20%~40%。其原因是取消了农渠、毛渠、田间灌水沟及畦埂，增加了 15%~20% 的播种面积，且灌水均匀，土壤不板结，有利于抢季节、保全苗，有效改善了田间小气候和农业生态环境；大大减少了田间渠系建设及管理维护和平整土地等的工作量；减少了农民用于灌水的费用和投劳，增加了农民收入；有利于加快实现农业机械化、产业化、现代化；避免由于过量灌溉造成的土壤次生盐碱化。

二、装备配套

1. 中心支轴式喷灌机

中心支轴式喷灌机又称指针式喷灌机，是将喷灌机的转动支轴固定在灌溉面积的中心，固定在钢筋混凝土支座上，支轴座中心下端与井泵出水管或压力管相连，上端通过旋转机构（集电环）与旋转弯管连接，通过桁架上的喷洒系统向作物喷水的一种节水增产灌溉机械（图 5-1）。组成结构包括：中心支轴轴座、喷灌机喷洒系统、喷灌机桁架、喷灌机塔车、喷灌机轮胎及驱动装置等。

图 5-1 中心支轴式喷灌机

中心支轴式喷灌机适用条件如下。

（1）土地开阔连片、田间障碍物少。

（2）使用或管理者技术水平较高。

（3）灌溉对象为大田作物、牧草等。

（4）集约化经营程度相对较高。

（5）水源水量应有保障。水源水质应符合 GB 5084 的规定，当水中的杂质影响喷灌机正常工作时，应采取沉淀或过滤措施。

（6）地块的地面坡度不宜大于 15%。

（7）当风速大于 5.4 m/s 时，喷灌机不宜进行喷灌作业。

（8）确定喷灌机有效长度时，在经济技术分析的基础上，宜综合考虑下列因素：① 中心支座固定型喷灌机的有效长度不小于 200 m。② 对于常用的桁架输水管采用 GB/T 21835—2008 表 1 中规定的外径为 168.3 mm（或 165 mm）普通焊接钢管的喷灌机，喷灌机有效长度不大于 450 m。当喷灌机有效长度大于 450 m 时，靠近中心支座处的若干跨桁架输水管采用不小于 GB/T 21835—2008《焊接钢管尺寸及单位长度重量》中规定的外径为 193.7 mm 的普通焊接钢管。

2. 平移式喷灌机

平移式喷灌机（图 5-2）外形和中心支轴式喷灌机很相似，同样是由十几个塔架支撑一根很长的喷洒支管，一边行走、一边喷洒。但它的运动方式和中心支轴式不同，中心支轴式的支管是转动，而平移式的支管是横向平移。结构和中心支轴式喷灌机基本一样,区别在于首端有动力车带动横向移动,造价比中心支轴式稍高。

图 5-2　平移式喷灌机

平移式喷灌机适用条件如下。

(1)土地开阔连片、田间障碍物少。

(2)使用管理者技术水平较高。

(3)灌溉对象为大田作物、牧草等。

(4)集约化经营程度相对较高。

(5)水源水量应有保障。水源水质应符合 GB 5084 的规定,当水中的杂质影响喷灌机正常工作时,应采取沉淀或过滤措施。

(6)地块的地面坡度不宜大于 15%。

(7)当风速大于 5.4 m/s 时,喷灌机不宜进行喷灌作业。

平移式喷灌机与中心支轴式喷灌机的优点如下。

(1)节省水量、经济施肥、调节地面气候。

(2)接近自然降雨的方式,可避免土地盐碱化问题。

(3)与地面灌溉相比,大田作物喷灌一般可省水 20%~30%,增产 10%~30%。

(4)使农田灌溉从传统的人工作业变成半机械化、机械化,甚至自动化作业,加快了农业现代化的进程。

与中心支轴式喷灌机相比较,平移式喷灌机的缺点主要是,喷洒时整机只能沿垂直支管方向作直线移动,而不能沿纵向移动,相邻塔架间也不能转动。为此,平移式喷灌机在运行中必须有导向设备。另外,平移式喷灌机取水的中心塔架是在不断移动的,因而取水点的位置也在不断变化,一般采用的方法是明渠取水和拖移的软管供水。

3. 滚移式喷灌机

滚移式喷灌机(图5-3)也称滚轮式喷灌机,是通过安装在每节喷灌支管上的大滚轮(直径1~2 m)进行定点喷灌。该类型机的特点是结构简单,便于操作,沿着耕作方向作业,与排水、林带结合较好,在不同水源条件下都适用,爬坡能力较强,但自动化程度低,需要人工调整滚轮位置,而且灌溉不均匀。

图5-3 滚移式喷灌机

要求水源要有足够的供水能力以便于满足喷灌机的工作流量要求,当水质固体颗粒较多时,应安装过滤装置。使用滚移式喷灌机的地面坡降不应大于10%。风速过大和气温低于0℃时不应使用喷灌机喷洒作业。滚移式喷灌机适合用于大面积喷灌,要求有丰富的水源,而且只能对大豆、小麦、玉米前期(株高在75 cm以下)、蔬菜等矮株作物喷灌。

滚移式喷灌机较指针式和平移式喷灌机的投资相对要小,但是灌溉作物和对地势的适应性不如指针式和平移式喷灌机。管理上比指针式和平移式喷灌机相对烦琐,特别是在冬天不使用时,需要拆卸,放在大田的安全性也不如指针式和平移式喷灌机高。

4. 绞盘式喷灌机

绞盘式喷灌机又称为卷盘式喷灌机或卷筒式喷灌机,是指用软管输水,在喷洒作业时利用喷灌压力水驱动卷盘旋转,卷盘上缠绕软管(或钢索),牵引远射程喷头，使其沿管（线）自行移动和喷洒的喷灌机械（图 5-4）。其主要有两种基本型：钢索牵引绞盘式喷灌机和软管牵引绞盘式喷灌机。该机的特点是结构简单，操作简便，机动性和喷灌质量都较好。一个中型绞盘式喷灌机的价格为 10 万 ~50 万元，中小型卷盘式喷灌机为 5 万 ~15 万元，主要根据卷盘长度、控制面积和自动化控制程度决定价格。

图 5-4　绞盘式喷灌机

绞盘式喷灌机主要用于广阔的平原、丘陵、沙地和牧场。能灌溉谷物、豆类、甘蔗、烟草、马铃薯、蔬菜和果林等作物，尤其是劳力较缺乏的家庭农场、大中型农场更为适宜，并能实现牧业基地的粪水灌溉，此外还可用于园林、运动场草坪和矿山、码头的除尘。

绞盘式喷灌机的喷头车在喷洒过程中能自走、自停，管理简便，操作容易，基本上一人可管理一台，劳动强度较低。该式喷灌机结构紧凑，成本较低。材料消耗较少，田间工程量少。机动性好，供水可用压力干管，也可用抽水机组。适应性强，不受地块中障碍物限制。

5. 固定式喷灌系统

固定式喷灌系统是除喷头外，喷灌系统的各组成部分均固定不动，各级管道埋入地下，支管上设有竖管，根据轮灌计划，喷头轮流安设在竖管上进行喷洒灌溉（图5-5）。固定式喷灌系统操作使用方便，易于维修管理，生产效率高，并且便于实行自动化控制。但其设备利用率较低、耗材多、投资大，不利于农业机械化耕作。

固定式喷灌系统管道埋在地下，喷灌管竖于地上，易影响耕作。导致田间耕作成本提高。一次性投资高，应优先考虑经济作物、园林绿地及蔬菜、果树、花卉等高附加值的作物，灌溉水源缺乏的地区、高扬程提水灌区、受土壤或地形限制难以实施地面灌溉的地区和有自压喷灌条件的地区，集中连片作物种植区及技术水平较高的地区。

图5-5 固定式喷灌系统

6. 移动式喷灌系统

移动式喷灌系统指喷灌系统的各个部分、水泵、动力机及各级管道直至喷头都可以拆卸移动，这些设备在一个灌溉季节里可以在不同的地块轮流使用（图5-6）。这种喷灌系统设备利用率高、管材用量少、投资小。但是由于机泵、管道等设备的拆装、搬移，劳动强度较大，生产效率较低，有时还易损伤作物。

移动式喷灌系统操作相对麻烦，人员需要经过简单培训并且是强劳力方能熟练操作。其主要适用于大田作物的喷灌，但在高秆密植作物种植区以及在土质黏重或地形复杂的情况下，将给设备的拆装移动带来困难。

图 5-6　移动式喷灌系统

7. 半固定式喷灌系统

半固定式喷灌系统是泵站和干管固定不动,支管和喷头可以移动(图 5-7)。这种喷灌系统设备利用率较高,管材用量较少,运行操作也较方便,是国内外应用较广泛的一种喷灌系统。

图 5-7　半固定式喷灌系统

三、操作规范

1. 可移动喷灌机组（中心轴式、平移式）

（1）每次开机前要进行设备检查。首先查看电线是否存在漏电、老化等问题，检查控制柜是否正常，查看轮胎是否存在漏气胎压低等现象，检查水泵电机等。

（2）检查没有问题后，先开水泵，待喷头出水，达到正常工作压力后，检查喷头是否存在不喷水或者喷洒幅度明显比周围机器偏小等现象，如有应及时检查并排除问题。

（3）达到工作压力后启动行走模式，行走的速率通过百分盘来调整，可以根据作物的旱情及其制定的灌溉所需水量、灌溉时间等进行灌溉。

（4）灌溉过程中，须有工作人员定时查看工作状态，如发现问题，应及时停机维修。

（5）灌溉完成后应先关闭行走模式，再关闭水泵。在北方地区，如冬天存在结冰现象，应及时把水泵及管道的水排空，以免冻裂设备。

（6）灌溉完成后要及时锁住控制柜，避免造成意外。

（7）设备需要定期进行检修。检查线路是否老化，是否存在表层线损坏漏电等危险。检查轮胎是否有跑气、漏气现象，胎压是否正常。出现其他不易解决的问题应及时联系设备厂家或专业机构检修。

2. 滚移式喷灌机

（1）机组连接完毕，检查无误后打开控制开关。

（2）在一个位置喷洒一段时间，达到灌水定额后，关闭干管上的给水栓，将引水软管与给水栓脱开。

（3）输水支管里的水通过自动泄水阀和快速接头密封胶圈排泄干净。

（4）操作人员启动发动机，操纵驱动车把整条支管向前滚移 18~20 m。

（5）将引水软管与该位置的给水栓相连，开启给水栓，开始第二个位置定点喷洒。如此循环直到完成一个灌溉周期。

（6）由于滚移式喷灌机作业高度有限，因此不能灌溉高秆作物，而且要保证地面无树木、线路和其他障碍物。

（7）滚移式喷灌机对地形和水源的要求较高，要求地形较平坦，水源要丰富。

（8）进水管路安装要特别注意，防止漏气。滤网应完全淹没在水中，其深度在 0.3 m 左右，并与池底、池壁保持一定距离，防止吸入空气和泥沙等杂质。

（9）水泵运行中若出现不正常现象（杂音、振动、水量下降等），应立即停机。使用过程中需注意轴承温升，其温度不可超过 75℃。

（10）应尽量避免使用泥沙含量过高的水源进行喷灌，否则容易磨损水泵叶轮和喷头的喷嘴。

（11）机组长时间停止使用时，必须将泵体内的存水放掉，拆检水泵、喷头，擦净水渍，涂油装配，将进、出口的机件包好，停放在干燥的地方保存。管道应洗净晒干（软管卷成盘状），放置在阴凉干燥处。切勿将上述机件存放在有酸碱和高温的地方。

（12）驱动车应按说明书定期进行保养。喷灌结束后，应用制动杆双向支撑固定，当风速大于 5.4 m/s 时，应另加固定措施。冬季存放或长期不用时，应按照使用说明书要求拆卸、保养、存放。

3. 绞盘式喷灌机

（1）用户要先请专业技术人员做好田间运行规划设计与机型、规格尺寸和配套设备的选择。

（2）把喷灌机组运到田间位置时要按照说明书做一系列的检验。第一次操作机组之前应仔细阅读使用说明书。

（3）将喷灌机组安置好后，就可以将机组与压力管道上的给水栓或移动泵站的水泵出水口连接，启动水泵供水。

（4）当软管中的空气通过喷头喷嘴排出后，水压达到预定的工作压力值，就将变速杆拉到回卷软管的位置。绞盘转动，开始边回卷软管、边喷洒作业。

（5）用拖拉机输出轴收卷软管时，必须要确认变速杆的正确位置。

（6）当机组收卷软管时，不要靠近各运动部件。

（7）若在高压电线附近喷洒作业，应保持安全距离，更不要将水束喷洒到马路上。

（8）机组在公路被拖移的速度应不超过 10 km/h，田间拖移速度应不超过 5 km/h。

（9）灌溉结束或冬季到来时，都应对机组进行彻底的检查、清洗和打黄油，做好日常保养和冬季存放工作。

4. 固定式喷灌系统

（1）固定式喷灌系统使用起来比较简便，系统安装完毕后，需要灌水时只需先打开喷灌区域控制阀门，启动水泵即可。按照轮灌组的划分，灌完一个轮圈区后，停泵，关阀门，然后把喷头换到下一个轮圈区，再打开阀门，开泵。如此循环直到灌完整个区域。

（2）管道铺设时要安装在冻土层以下，防止管道冻裂。

（3）水源的水要经过过滤，尤其是含沙量较大的水源，以防磨损、堵塞喷头。

（4）在非灌溉季节一般应放空管道，以便于冬季防冻，并能防止水长期滞留在管道中产生微生物，附着在管壁和喷头上影响喷灌效果。

5. 移动式喷灌系统

（1）移动式喷灌系统使用起来相对烦琐一些，系统安装完毕后，需要灌水时先打开喷灌区域控制阀门，启动水泵，然后打开需要运行的支管给水栓，水便从三通管进入支管，由支管再进入竖管和喷头。按照轮灌组的划分，灌完一个轮圈区后，停泵，关阀门，然后把系统换到下一个轮圈区，再打开阀门，开泵。如此循环直到灌完整个区域。

（2）水源的水要经过过滤，尤其是含沙量较大的水源，以防磨损、堵塞喷头。

（3）操作时要严格遵循开阀门、开泵、停泵、关阀门的操作顺序。

（4）整个灌溉季节结束后，要对设备进行保养后才能入库。胶封圈需拆下后洗净，阴干，涂上滑石粉。

（5）设备入库要置于远离石油制品的干燥通风处，管道和管件要单独存放，不要有枕木，码放的高度不能超过 1m，上面不准堆放重物，管道和管件不能和含酸碱性的物质一起堆放。

6. 半固定喷灌系统

（1）半固定式喷灌系统使用起来比较方便，系统安装完毕后，需要灌水时，先把一条支管的首端阀门打开，微启干管首端阀门，开泵，在水泵运转正常时缓缓打开干管首端闸阀直至完全打开。

（2）打开泵站的放气阀门，直至管中的气体全部排出再关闭阀门。排气完毕，装上压力表，待喷洒正常后进行测压，看其是否达到设定压力。

（3）工作支管喷洒完毕，在停止喷洒前应先将备用支管的阀门打开，然后再关闭已工作完毕的支管阀门。然后按计划顺序移动支管位置，轮流喷洒，直至灌完整个区域。喷灌工作结束，仍需缓慢关闭首端闸阀再停泵。

（4）管道铺设时要安装在冻土层以下，防止管道冻裂。

（5）水源的水要经过过滤，尤其是含沙量较大的水源，以防磨损、堵塞喷头。

（6）在非灌溉季节一般应放空管道，以便于冬季防冻，并能防止水长期滞留在管道中产生微生物，附着在管壁和喷头上影响喷灌效果。

（7）支管拆移时，管要平行于地面，严禁垂直移动，防止碰到高压线发生触电事故。要边拆边装，防止脏物进入管内，绝对禁止两根以上的管子同时搬迁。支管搬运过程中要轻拿轻放，保护好管道设备，并修好或换掉损坏的配件。

四、质量标准

1.《轻小型管道输水灌溉机组》(GB/T 25405—2010)

（1）管灌机在下列使用条件下应能连续正常运行：介质温度不超过40℃；介质的pH值为6.5~8.5；介质中含固体杂质的体积比不超过0.1%，粒度不大于0.2 mm。

（2）管灌机应有良好的田间移动性，手抬式管灌机的质量应不大于80 kg；手推车式管灌机车轮轮胎应符合GB/T 7377的规定，其新轮胎外直径应不小于500 mm。

（3）拖拉机拖动式管灌机，应采取可靠措施将配套水泵固定在机架上。

2.《行走式节水灌溉机》(GB/T 25404—2010)

（1）灌溉机在下列使用条件下应能连续正常运行：介质温度不超过40℃；介质的pH值为6.5~8.5；介质中非溶性颗粒的直径不大于1.2 mm。

（2）灌溉机应配套自吸式水泵带有自吸装置的水泵。

（3）灌溉机应具有田间通过性。牵引水车式灌溉机水箱车的轮子外径和宽度应不小于牵引动力机从动轮的外径和宽度。

（4）牵引水车式灌溉机的水箱车和水箱应有足够的强度，水箱与水箱车的连接应牢固、可靠。

（5）灌溉机的额定工作压力范围应不超出喷头规定的有效工作压力范围，并应保证喷洒均匀性。

（6）灌溉机在额定工况下运行时，流量应在0.7~1.2倍的额定流量范围内。

3.《悬挂式远射程喷灌机》(GB/T 25408—2010)

（1）喷灌机在下列使用条件下应能连续正常运行：介质温度不超过40℃；介质的pH值为6.5~8.5；介质中非溶性固体颗粒的直径不大于1.2 mm。

（2）喷灌机应配套自吸式水泵或带有自吸装置的水泵。

（3）喷灌机应具有田间通过性。

（4）喷灌机、配套水泵、喷头支架应与拖拉机的适当部位可靠连续。

（5）喷灌机配有的进水管应具有抗折、抗弯和抗拔拉性，保证不因其影响正常工作。

（6）配套的拖拉机、水泵、喷头、织物增强吸水软管、出水管及管件等应符合有关标准的规定。

（7）配套拖拉机的功率备用系数为1.1~1.4。

（8）喷灌机的额定工作压力范围不应超出喷头规定的有效工作压力范围，并应保证喷洒均匀性。

（9）喷灌机在额定工况下运行时，流量应在额定流量范围内。

（10）配套自吸式水泵的自吸时间不应大于配套水泵规定自吸时间的1.3倍。

（11）喷灌机在坡度不大于2%的田间工作时，实际喷幅宽度允许低于规定喷幅宽度，净降值应不大于0.5 m。

第二节 滴灌机械化技术

一、技术内容

滴灌是利用塑料管道将水通过直径约10 mm毛管上的孔口或滴头送到作物根部进行局部灌溉。它是目前干旱缺水地区最有效的一种节水灌溉方式，其水的利用率可达95%。滴灌较喷灌具有更高的节水增产效果，同时可以结合施肥，提高肥效一倍以上。可适用于果树、蔬菜、经济作物以及温室大棚灌溉，在干旱缺水的地方也可用于大田作物灌溉。其不足之处在于滴头易结垢和堵塞，因此应对水源进行严格的过滤处理。

二、装备配套

滴管系统是将灌溉水进行加压、过滤，必要时连同可溶性化肥或农药一起，通过有压管道系统输送至滴头，以点滴的方式，均匀而缓慢地滴入作物根区土壤中，以满足栽培作物对水分的吸收和利用的一种灌溉方法。

1. 固定滴灌系统

固定滴灌系统（图5-8）是由水源工程、首部枢纽、输配水管道和灌水器组成，滴灌带铺设后固定不动，设备平均投资800~2 000元/亩。

图5-8　滴灌系统

（1）首部枢纽。包括水泵（及动力机）、施肥罐、过滤器、控制与测量仪表等。其作用是抽水、施肥、过滤，以一定的压力将一定数量的水送入干管。

（2）管路。包括干管、支管、毛管以及必要的调节设备（如压力表、闸阀、流量调节器等）。其作用是将加压水均匀地输送到灌水器（滴头）。

（3）灌水器。其作用是使水流经过微小的孔道，形成能量损失，减小其压力，使它以点滴的方式滴入土壤中。滴头通常放在土壤表面，亦可以浅埋保护。

固定滴灌系统的设备配套性强、整体性好，适用于一家一户普通老百姓、规模化农场和庄园的个体经营者等应用操作水平，方便用于对任何土壤、任何地形和非密植的任何作物，如果树、蔬菜、棉花、大豆、玉米等作物的应用，尤其在干旱的山丘陵区效果显著。

2. 移动滴灌设备

是把滴灌系统的首部、输配水管网和灌水器等配套产品、安装组合模式和应用模式等进行优化配置、高度集成，具有快速装配与拆卸功能，是一种能够提高设备重复利用率、方便实施移动操作、降低投资成本的灌溉方式。

图 5-9　移动滴灌设备

移动滴灌设备整（图 5-9）体方便可移动，操作简单、灵活，省工、省时，设备重复利用率高，具有投资成本低、灌溉效果好、设备集成度高、操作简单和应用灵活等明显优势，较适合在我国广大农村用户，特别是缺水山丘区的农村各用户家庭和农场各承包户应用。主要用于对小宽行矮秆类（瓜、薯、菜等）和大宽行高秆类（梨树、柑橘树等）作物的长期灌溉和季节性应急抗旱灌溉，灌溉质量高、节水效果明显，尤其在干旱缺水的山丘区使用效果更明显。

3. 小管出流灌溉

小管出流灌溉又称涌泉灌（图 5-10、图 5-11），是利用 4 mm 的小塑料管与毛管连接作为灌水器，并辅以田间渗水沟，以细流（射流）状局部湿润作物附近土壤，其特点是出流孔口较大，不易被堵塞。由于也是一种局部灌溉技术，只湿润渗水沟两侧作物根系活动层的部分土壤，水的利用率高，而且是管网输配水，没有输渗漏损失，比地面灌溉节约用水 60% 以上。

小管出流节水灌溉系统一般由以下部分组成。

（1）动力机械：从水源提取水进入主管网。

（2）首部系统：包括控制系统、施肥系统、过滤系统。

（3）主管网：输水主管，一般由 PE 管材和 PE 管件组成。

（4）灌水器：由紊流器及毛管组成。

图 5-10 小管出流灌溉

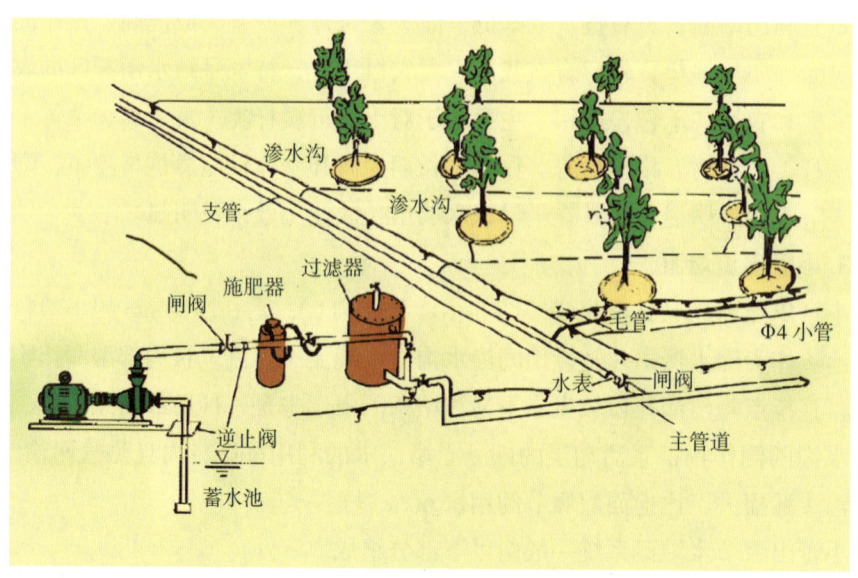

图 5-11 小管出流灌溉示意

三、操作规范

1. 固定滴灌系统

（1）根据投资、灌溉对象等不同，选择好滴灌系统类型。

（2）正确安装全套滴灌系统的配套设备。

（3）灌溉系统的干管、支管和毛管三级管道一般埋在地表60cm以下。

（4）滴灌系统布设主要是根据作物的种类进行合理布置。

（5）滴头及管道布设时，干、支、毛三级管最好相互垂直，毛管应与作物种植方向一致。山区丘陵地区，干管与等高线平行布置，毛管与支管垂直。

（6）滴头容易堵塞，对水质要求较高，所以必须安装过滤器。

（7）灌溉系统运行停止后，应打开泄水阀，以排除管网中的余水。

2. 可移动滴灌设备

（1）检查装置各部件的状况，包括过滤器、管道、灌水器等，确认完好后，再进行部件的安装。

（2）将水池清扫干净，放满水待用，并且在放水口安装过滤器、空气阀等设备。

（3）铺设干管、支管，干管沿田间小路布置，支管则应垂直干管或作物的行向布置，干管、支管长度可根据地形情况靠增减管段数量来调节使用。

（4）沿行向布置、铺设毛管，安装灌水器，并插放滴水器在作物根区土层。

（5）将毛管插接在支管上，打开总阀门，实施首轮滴灌，全部毛管分组循环移动，采用流水作业，用时间控制灌水量和轮灌周期。

（6）毛管在一个位置灌溉结束时，关闭总阀门，拆分首端插口，1人取灌水器，1人盘卷，然后放在下一个灌溉位置，并装上灌水器待用。

（7）支管移动前需将上述毛管全部拆下，从支管首端快速接头处拆开，由尾端向首端盘卷，盘卷时排出管道内水。

（8）干管移动前需关闭总阀门，排出管道内余水，然后重新安放。

（9）灌水器移动频率与毛管相同，一般情况流量调节器固定在毛管上随毛管移动，地下滴水器则拆开单独移动，当移动距离小，地下滴水器可随毛管一起移动。

（10）每次收工之前应关闭进水控制阀，以便排空管道中的水分，方便管网中各级管路的移动。

（11）注意清洁，防止堵塞，管道、灌水器移动过程中，一定要注意保护，另外每年第一次灌水前应对滴水器进行检查、更换，灌水前还需对管道和水池进行冲洗。

（12）小心移动、运输和装卸，减轻损坏。

（13）精心保管、定时维护，装置灌完一次水并及时清洗后，收回仓库保管，保管时应避免高温、寒冷、风吹、日晒和鼠类咬破等。

（14）过滤器是防止堵塞的重要设备，定时清洗过滤器及滤芯。

3. 小管出流系统

（1）在系统首部安装60~80目的筛网式过滤器，干、支、毛管和小管采用PE塑料管，均埋于地表以下，小管在渗沟内露出10~15 cm。

（2）果树施肥时，可将化肥液注入管道内随灌溉水进入作物根区土壤中，也可把肥料均匀地撒于渗沟内溶解，随水进入土壤。特别是施有机肥时，可将各种有机肥埋入渗水沟下的土壤中。

（3）小管灌水器流量不要太大，一般控制在80~250 L/h为宜。

（4）毛管直径与允许最大长度要满足一定的灌水均匀度。

（5）渗水沟，横断面需呈梯形，沟底宽 b = 10~15 cm，深度 h=12~15 cm。

（6）对于需水较大的果树，可以在每株树下插两个或多个小管灌水器。

四、质量标准

相关作业技术要求参考《轻小型管道输水灌溉机组》(GB/T 25405—2010)、《悬挂式远射程喷灌机》(GB/T 25408—2010)。

第三节　微喷灌机械化技术

一、技术内容

微喷灌是新发展起来的一种微型喷灌形式。主要是利用塑料管道输水，通过微喷头喷洒进行局部灌溉。它比一般喷灌更省水，可增产30%以上，能改善田间小气候，可结合施用化肥，提高肥效。主要应用于果树、经济作物、花卉、草坪、温室大棚等灌溉。

二、装备配套

微喷灌是利用直接安装在毛管上或与毛管连接的微喷头,将压力水或可溶性肥料以较小的流量、较大的流速喷出,在空气阻力的作用下粉碎成细小的水滴,喷洒到作物叶面或根系周围的土壤表面的灌水技术,是介于喷灌与滴灌之间的一种灌水方法(图5-12)。雾喷又称为弥雾灌溉,也是用微喷头喷水,只是工作压力较高,可达200~400 kPa,从微喷头喷出的水滴极细而形成水雾,在增加湿度方面有明显效果。系统主要构成包括如下。

图5-12 微喷灌

(1)水源。江河、渠道、湖泊、水库、井、泉等符合微灌水质要求的水源,均可作为微灌水源。

(2)首部枢纽。包括水泵、动力机、肥料和化学药品注入设备、过滤设备、控制阀、进排气阀、压力流量测仪表等。其作用是将水源水增压、处理后配送到微灌系统。

(3)管网。其作用是将压力水输送并分配到所需灌溉的种植区域。由不同管径的管道组成,分干管、支管、毛管等,通过各种相应的管件、阀门等设备将各级管道连接成完整的管网系统。现代灌溉系统的管网多采用施工方便、水力学性能良好且不会锈蚀的塑料管道,如PVC管、PE管等。同时,应根据需要在管网中安装必要的安全装置,如进排气阀、限压阀、泄水阀等。

（4）喷头。喷头用于将水分散成水滴，如同降雨一般比较均匀地喷洒在种植区域。在大棚中多采用倒挂微喷系统，一般由微喷直通、微喷毛管、防滴器、微喷头、重锤组成；大田、果园一般采用地插微喷系统，一般由微喷直通、微喷毛管、微喷头、插杆组成。

三、操作规范

（1）微喷灌系统虽不易发生堵塞，但也必须对灌溉水进行过滤后才能使用。

（2）微喷头的选用要参考作物种类、种植间距和土壤质地等，使用微喷灌系统的灌水强度不得大于土壤入渗能力，避免造成地面积水。根据蔬菜作物大小和不同土壤的保水情况进行微喷，一般在绿叶菜上应用多，茄果瓜豆类上应用少。

（3）干旱时，蔬菜作物需水量大，则开机时间可长些，一般沟里水流淌时就可停机。一般开机时间为 1 h，每隔 5~7 d 喷灌一次，冬季开机时间和次数明显少于夏秋季。

（4）当种植作物为密植作物时，喷头应选择正方形、矩形、正三角形和等腰三角形等组合方式之一。

（5）因有全圆喷洒、扇形喷洒、带状喷洒等多种形式，在保护地中，除了微喷头的喷洒半径必须小于保护地的尺寸这一要求外，在保护设施边界处应选择扇形喷洒，而中间部位可选择全圆喷洒方式。

四、质量标准

相关作业技术要求参考《轻小型管道输水灌溉机组》（GB/T 25405—2010）、《悬挂式远射程喷灌机》（GB/T 25408—2010）。

第四节　智能灌溉机械化技术

一、技术内容

智能灌溉技术是指融合计算机控制、网络通信、环境传感、机电一体化等技术，由中央控制系统实现对灌溉时间、灌水总量、灌区排序等操作的自动控制，从而减少人工干预，达到节本增效的目的。目前先进的智能灌溉技术可通过使用地下湿度传感器来探测土壤湿度，通过智能系统来测得植物果、茎等直径变化，进而分析作物灌溉量及灌溉计划，且具有多套管理程序，能够对几路到十几路的电磁阀进行同时控制，智能化及自动化控效果可靠、精密，操作也很方便简单。

二、装备配套

1. 智能灌溉系统类型

目前常用的智能灌溉系统（图 5-13）可分为时序控制灌溉系统、ET 智能灌溉系统、中央计算机控制灌溉系统。

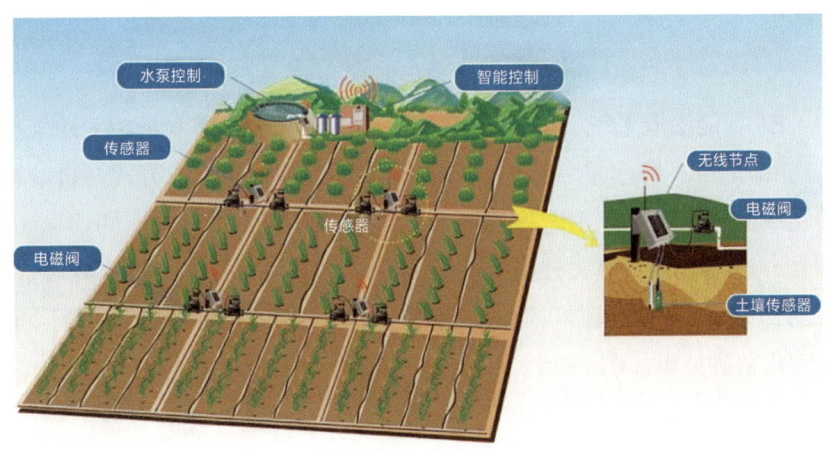

图 5-13　智能灌溉系统

（1）时序控制灌溉系统。时序控制灌溉系统（图 5-14）将灌水开始时间、灌水延续时间和灌水周期作为控制参量，实现整个系统的自动灌水。其基本组成包括：控制器、电磁阀，还可选配土壤水分传感器、降雨传感器及霜冻传感器等设备。其中控制器是系统的核心。灌溉管理人员可根据需要将灌水开始时间、灌水延续时间、灌水周期等设置到控制器的程序当中，控制器既通过电缆向电磁阀发出信号，开启或关闭灌溉系统。

控制器的种类很多，可分为机电式和混合电路式，交流电源式和直流电池操作式等。其容量有大有小，最小的控制器只控制单个电磁阀，而最大的控制器可控制上百个电磁阀。电磁阀一般为交流 24V 隔膜阀，通过电缆与控制器相连。电磁阀启闭时有一定时间的延迟，这一特性可有效防止管网中的水击现象，保护系统安全。目前国内的自动控制灌溉系统，基本上均为时序控制灌溉系统。

保护性耕作机械化技术及地力培育

图 5-14 时序控制系统

（2）ET智能灌溉系统。ET智能灌溉系统，将与植物需水量相关的气象参量（温度、相对湿度、降水量、辐射、风速等）通过单向传输的方式，自动将气象信息转化成数字信息传递给时序控制器。使用时只需将每个站点的信息（坡度、作物种类、土壤类型、喷头种类等）设定完毕，无须对控制器设定开启、运行、关闭时间，整个系统将根据当地的气象条件、土壤特性、作物类别等不同情况，实现自动化精确灌溉（图5-15）。

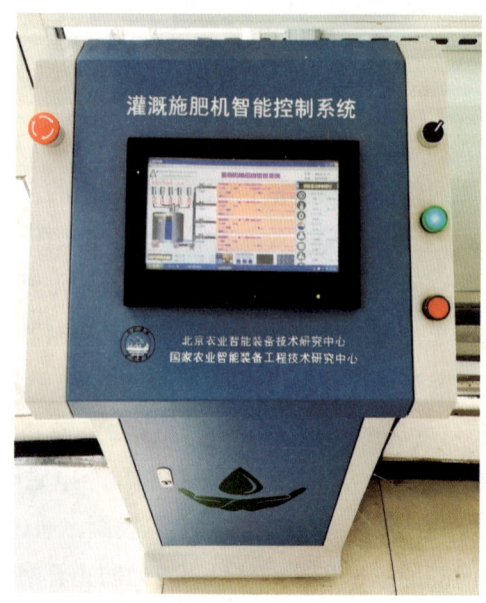

图 5-15 智能控制系统

（3）中央计算机控制灌溉系统。中央计算机控制灌溉系统，将与植物需水相关的温度、相对湿度、降水量、辐射、风速等气象参数，通过自动电子气象站反馈到中央计算机，计算机会自动决策当天所需灌水量，并通知相关的执行设备，开启或关闭某个子灌溉系统。在中央计算机控制灌溉系统中，上述时序控制灌溉系统可作为子系统。如美国亨特公司开发的 IMMS 中央计算机控制灌溉系统，可通过有线、无线、光缆、电话线，甚至手机网络等方式对无限量的子系统实现计算机远程控制，对小到一个公园、大到一个城市甚至几个城市的所有灌溉系统，均可由一台中央计算机进行自动控制。

2. 自动控制方式

（1）压力型控制。压力型控制系统是通过控制灌溉管道的压力，来达到提高灌溉的均匀性目的，通常是需要与变频控制器一起使用的，只要根据相同的压力灌溉系统，设置压力传感器，就可以实现控制目的但是，压力型自动控制应用成本较高，操作也比较复杂，不是任何类型的灌溉都适用，它只适合对灌溉水均匀性要求高的一些场所。

（2）土壤湿度控制。土壤湿度型是通过控制土壤湿度，从而实现对土壤含水量控制的目的，通常是与渗灌和滴灌一起搭配使用根据土壤的不同湿度，系统会设置最大值以及最小值，之后通过传感器对土壤湿度进行探测，一旦土壤湿度达到设置的最小值，系统就会自动开启进行灌溉，反之当土壤湿度达到设置的最大值，系统就会自动关闭土壤湿度型自动控制系统使用起来很方便，但是它的应用成本也比较高，并不适用于所有类型的灌溉，一般是用于温室大棚和田地等范围比较大的灌溉。

（3）空气湿度控制。空气湿度是通过对空气温度施加控制，来确保环境能够适宜作物生长，实现节水灌溉的目的，一般是与微喷灌一起应用它的工作流程和土壤湿度几乎相同，根据空气的不同湿度，系统会设置最大值以及最小值，之后通过传感器对空气湿度进行探测，一旦空气湿度达到设置的最小值，系统就会自动开启进行灌溉，反之当空气湿度达到设置的最大值，系统就会自动关闭这种空气湿度型自动控制系统使用起来方便简单，但实际应用比较少，多用于大棚和温室中，特别是对育苗进行灌溉，控制相对比较准确。

（4）时间型控制。时间型控制是通过控制灌水时间，来达到节水灌溉的目的。时间型自动系统能够事先设定好灌溉开启和关闭的时间，比如，可以设定每天的上午 11:00 到下午 3:00 以及晚上 5:30 到晚上 7:00 进行灌溉，其余时间保持

关闭。此外，时间型还可以对开启及关闭时间的间隔进行设点，比如育苗微喷灌为保证湿度，设定开启和关闭交替连续运行。时间型自动控制系统的制造简单，技术成本也相对便宜很多，使用也简单不需要太多的技术含量，因此应用范围十分广泛。

（5）雨量型控制。雨量型控制是根据降雨量的多少，来达到控制灌水量的目的，一般情况下是与微喷灌和喷灌一起结合应用的雨量型自动控制系统的工作是通过传感器来实现对灌溉降雨量进行采集，当达到设定值以后，就会自动关闭系统。

（6）综合型控制。综合型控制是通过综合控制灌溉管理压力、土壤湿度、灌水时间、降水量、空气湿度中的几种，例如，控制灌水时间加降水量，土壤湿度加空气湿度加压力，降水量加灌水时间等，根据系统开启和关闭设定条件，物理量满足条件就可以执行动作。

三、操作规范

灌溉自动控制系统是通过智能控制器来控制水泵的开关，施肥泵的开关，由总控制器对各分控制器进行控制，并由分控制器来控制灌溉区域内的电动阀门的开启来达到自动灌溉目的。因此，需要在使用前检查各控制器性能，确保正常使用。

系统一般有本地手动操作，远程控制操作，液晶屏显示按键操作的三种操作方式，满足不同条件下，不同人群的使用操作。

（1）本地手动操作。先将控制箱中控制方式转到本地（手动）位置，然后根据需要，手动按下控制箱上的水泵、施肥泵等设备开停按钮，人为地进行控制管理。

（2）远程控制操作。先将控制箱中间的控制方式转到远程位置，然后根据各系统软件提示进行参数设定和设备开停。

（3）液晶屏显示按键操作。根据各系统软件提示，直接在施肥机主机上进行参数设定和设备开停。

第六章 秸秆处理机械化技术

第一节 秸秆粉碎还田机械化技术

一、技术内容

秸秆粉碎还田机械化技术是指用机械粉碎装置将茎秆和茎叶粉碎并抛撒覆盖于地表,粉碎后可耕翻将已粉碎的秸秆深埋入土进行还田(图6-1)。机械化秸秆直接粉碎还田方式是利用秸秆直接粉碎还田机,将摘穗后仍直立于田间的秸秆,用秸秆粉碎还田机粉碎并抛撒在田间,随后用犁将秸秆翻埋入土还田,它适用于各种土壤条件,秸秆腐解时间短,对农作物生长见效快。秸秆机械粉碎还田主要两种形式:一是秸秆机械粉碎翻压还田,二是秸秆机械粉碎覆盖还田。

图6-1 玉米秸秆粉碎还田作业

二、装备配套

目前,国内较普遍使用的是与拖拉机和联合收割机配套采用齿轮、单边胶带传动的卧式秸秆粉碎还田机,通常采用逆转方式作业,能够充分地将地面的秸秆捡拾并粉碎。立式秸秆粉碎还田机多用于棉花秸秆的粉碎还田。与拖拉机配套使用的卧式秸秆粉碎还田机最常用的悬挂位置是后置式,采用标准三点悬挂方式,拖拉机动力通过万向节传动轴传递至机具。如图 6-2 和图 6-3 所示。

图 6-2　春翔 1JQ-230 秸秆粉碎还田机

图 6-3　秸秆还田机

秸秆粉碎还田机的作业参数如表6-1和表6-2所示。

表6-1 春翔1JQ-230秸秆粉碎还田机作业参数

项　目	数　值	单　位
工作幅度	230	cm
留茬高度	≤ 7.5	cm
切碎长度	玉米、高粱≤ 10；水稻≤ 15	cm
配套动力	73.5~88.2	kW
动力输出轴转速	540、640、720	r/min
与拖拉机联接形式	三点悬挂联接	/
传动方式	中间齿轮传动	/
刀片型式	甩刀/锤爪	/
甩刀/锤爪数	64/16	把
刀轴最大回转半径	29	cm
刀轴转速	1 830~2 100	r/min
最小离地间隙	40 976	cm
机具前进速度	40 994	km/h
外形尺寸（长×宽×高）	137 × 262 × 114	cm
整机重量	890	kg

本产品适用于大、小地块，粉碎效果好，配套于手扶拖拉机，该产品操作简单，工作效率高。该机器采用前后两个刀轴，使秸秆粉碎效果达到最佳。

表6-2 秸秆还田机

产品名称	秸秆还田机
产品规格	900 mm × 600 mm × 600 mm
产品质量	50 kg
配套动力	7.5kW 及以上
工作宽幅	50 cm
工作效率	2~5 km/h
刀片形式	甩刀
链接方式	直连
动力输出	一轴传动

与玉米联合收割机配套的秸秆还田机可进一步细分为后置式、中置式与前置式连接方式。最常用的为后置式，如图 6-4 所示。

图 6-4　后置式挂接秸秆粉碎还田机

中置式挂接方式，是将秸秆粉碎还田机悬挂于玉米联合收割机的前后轮中间，采用双连接臂机构与玉米联合收割机的机架铰接，用液压油缸实现升降，联合收割机的动力通过三角皮带传递至机具。如图 6-5 所示。

图 6-5　中置式秸秆粉碎还田机

前置式挂接方式（图 6-6），该机与普通秸秆粉碎还田机的主要区别在于：

结构简单，与配套主机安装紧凑、方便，工作可靠，适应性强，切碎性能好，秸秆抛撒均匀，是稻麦秸秆机械化粉碎直接还田的机具（表6-3）。

图6-6　4YZ-3/3A前置式秸秆粉碎还田机

表6-3　4YZ-3/3A前置式秸秆粉碎还田机作业标准

品牌	农发
型号	4YZ-3/3A
分类	玉米收获机
收获行数	3行
行距	550~700 cm

"4YZ-3/3A"型玉米联合收获机系后置倒开式多功能玉米收获机械，主要由割台、动力传递机构、输送与提升机构及玉米穗储存仓组成。该机能一次性完成玉米的摘穗、秸秆切碎、果穗装箱等全过程。因该机采用后置倒开式，具有结构合理、转弯半径小、操作灵便、耐用、安全、易维修，驾驶员视线好等特点，可有效减轻机收劳动强度，提高劳动生产率，变秸秆为青肥，有效地增强土质，促进农作物增产增收，同时可有效地减少污染。

与直联式相比，抽拉式要加装一个过渡接口，使接口与稻麦联合收割机排草口相连，下部焊有滑道。使用时将粉碎还田机推入接口的滑道，挂上三角皮带即可作业。不用时摘下三角皮带，将还田机拉出滑道，非常方便，见图6-7。

图6-7　滑移式秸秆粉碎还田机

翻转式是在过渡接口上焊一对铰链，使其与稻麦秸秆粉碎还田机铰接，不用时可将机具翻转并悬挂在稻麦联合收割机上，见图6-8。与联合收割机配套的秸秆粉碎还田机一般为正置式。

图6-8　翻转式秸秆粉碎还田机

三、操作规范

1. 小麦机械化秸秆粉碎还田工艺路线

（1）玉米机收、秸秆粉碎抛撒，或者人工收获后立秆越冬→春季秸秆粉碎还田机粉碎还田→原垄免耕播种或者灭茬播种玉米或者大豆。

（2）大豆机收、秸秆粉碎抛撒，留茬或者深松起垄→原垄免耕播种或者灭茬播种玉米。

（3）水稻机收粉碎秸秆→秋翻或者秋旋→春季灌水打浆 1~2 次→机械插秧。

2. 稻秸秆还田

稻秸秆的还田以切碎、深旋耕为理想耕作工艺，切碎是为了防止稻秸秆缠绕刀轴；深旋耕是为了有足够的土壤与秸秆拌和，避免耕作层中秸秆比例过高，同时深旋耕也是加厚土壤耕作层、培育土壤肥力的重要措施，这两者的复合作业机具当属首选。双轴灭茬旋耕机对收获割茬较高的田块尤其能适应，联合收获带切碎茎秆的田块能基本适应，该机型的最大优点是一次作业旋耕两次，这能使得秸秆与泥土充分拌匀，所以这种机型对于稻秸秆还田在现有成熟机型中当属首选。

3. 玉米、高粱、棉花等大、硬秸秆还田

玉米、高粱、棉花等大、硬秸秆的还田作业以粉碎后再破根茬旋耕埋秸秆为最佳，因为玉米、高粱、棉花的根茬往往使耕作的阻力成倍增加，此外，玉米、高粱的根茬尺寸很大，这使得局部堡块很大，影响下熟的播种作业，所以秸秆粉碎机＋双轴灭茬旋耕机的组合为首选，秸秆粉碎＋普通旋耕机作业为备选。

四、质量标准

作业质量参照农业行业标准《秸秆粉碎还田机 作业质量》（NY/T 500—2015）。

（1）残茬高度是指还田作业后，残留在地表的根茬顶端到地面的距离。残茬高度≤80 mm。

（2）粉碎长度合格率是指粉碎长度符合要求的秸秆质量占还田秸秆总质量的百分率。粉碎长度合格率≥85%。

（3）抛撒不均匀率是指秸秆经切碎、抛撒后，在地表分布的不均匀程度。抛撒不均匀率≤20%。抛撒不均匀程度要达到均匀水平。

（4）漏切是指地表状况允许作业机组通过，机组应作业而未作业的部分。漏切率是指漏切秸秆质量占应还田秸秆总质量的百分率。漏切率≤1.5%，且无明

显漏切。

（5）合格秸秆粉碎长度：麦类、水稻秸秆≤150 mm，玉米秸秆≤100 mm，棉花秸秆≤200 mm。

第二节　秸秆腐熟还田机械化技术

一、技术内容

秸秆经粉碎后直接深耕翻压入土，可有效提高土壤有机质，增强土壤微生物活性，提高土壤肥力。秸秆腐熟还田技术是通过接种外源有机物料腐解微生物菌剂（简称为腐熟剂），充分利用腐熟剂中大量木质纤维素降解菌，快速降解秸秆木质纤维物质，最终在适宜的营养、温度、湿度、通气量和pH值条件下，将秸秆分解矿化成为简单的有机质、腐殖质以及矿物养分（图6-9）。它包括两种方法：一是在秸秆直接还田时接种有机物料腐解微生物菌剂，促进还田秸秆快速腐解；二是将秸秆堆积或堆沤在田头路旁，接种有机物料腐解微生物菌剂，待秸秆基本腐熟（腐烂）后再还田。添加秸秆腐熟剂加快秸秆分解，可减少因大量秸秆还田给后续耕作播种或移栽等作业带来的困难，同时也可以减轻对后茬作物生长的不利影响，是秸秆全量还田的一项关键技术。它对增加土壤养分，改善土壤理化性状，降低化肥施用量，减少农田面源污染，保护生态环境，均具有重要意义。

图6-9　秸秆腐熟状态

二、装备配套

1. 秸秆腐熟剂菌种

秸秆腐熟剂（图6-10）的菌种主要有枯草芽孢杆菌、地衣芽孢杆菌、多粘芽孢杆菌、杂色曲霉。秸秆腐熟剂中含有大量嗜热、耐热放线菌和生物酶，能强烈分解纤维素、半纤维素和木质素，其作用一是加速有机物料腐解进程，利用特定功能的微生物菌群的共同作用，使秸秆等有机物料中的有机成分快速腐解和腐烂，使之小分子化，转变成可供作物吸收利用的肥料，缩短秸秆及需经堆沤发酵腐熟的禽畜粪便、饼肥等有机物的堆沤时间，加速秸秆腐烂。二是杀灭病原菌、虫卵和杂草种籽，改善土壤

图6-10 秸秆腐熟剂

微生物环境。秸秆腐熟剂中的有益微生物以秸秆为载体大量繁殖，产生大量群体和分泌物，形成优势菌群，达到改善土壤活性，抑制有害病原菌的生长，促进植物根际有益微生物的活动。三是增加土壤有机质含量，促进营养元素的有效转化。利用腐熟剂处理秸秆还田，能提高土壤氮磷钾等养分含量，提升耕地有机质含量。每年有机质可提升 0.1%~0.5%，水解氮提高 10~15 mg/kg，有效磷提高 5~8 mg/kg，速效钾提高 20~30 mg/kg，微生物在分解秸秆时，可产生多种有机酸，有机酸对土壤矿质成分有一定的溶解能力，可活化土壤中的营养元素，促进营养元素的有效化，减产作物缺素症的发生。四是促进有机废弃物资源化利用，提高秸秆利用率，降低生产成本。秸秆腐熟剂的应用，可以消化农田秸秆、畜禽粪便等有机废弃物，转化为有机肥料，避免秸秆焚烧、秸秆堆放、大中型养殖场畜禽粪便带来的环境污染。同时，还可以减少化肥用量，节约生产成本，增强作物抗性，改善农产品品质，达到增产增收效果。

2. 秸秆腐熟剂施用技术

腐熟剂施用按用量，可以加水喷洒在秸秆上，这样既施用均匀又能使秸秆腐熟剂得到充分利用，或者将秸秆腐熟剂与肥料搅拌均匀后，使用固体厩肥撒施设备撒施到田内，随后进行整地。两种方法最好在无风条件下作业，需要把腐熟剂和秸秆混拌均匀。液体施用可以配备打药机完成，固体撒施可以配备撒肥机完成。

（1）秸秆腐熟直接还田机械化技术（图6-11）。该技术流程为作物收获时用收割机自带的粉碎装置粉碎秸秆并均匀抛撒分布于田间，随后施底肥，尤其是氮肥。秸秆腐熟剂如果是粉剂通过人工撒施，水剂通过人工或机械喷施，开展田间浇水（旱地）或泡田（水田），机械旋耕（翻耕）填埋秸秆→种植下茬作物。或将液体腐熟剂喷洒装置安装或固定在带秸秆粉碎抛撒功能的联合收割机尾部机身上，收割机作业同时，将腐熟剂直接接种到粉碎的秸秆上，然后施肥，通过机械旋耕（翻耕）翻埋秸秆（图6-12），实现秸秆腐熟。

图6-11 秸秆直接腐熟还田

图6-12 腐熟秸秆翻埋

（2）秸秆接种腐熟剂堆腐还田技术（图6-13）。将秸秆收集在田头进行堆积，以不妨碍大田耕作为原则，每15~20 cm厚为一层进行堆积，逐层撒施腐熟剂、尿素或粪便，洒水使秸秆料堆含水率达60%左右，堆高和堆宽达2 m左右时，利用薄膜或泥土进行封堆，防止水分损失。依靠自身进行堆腐，在封堆后夏季15~30 d或冬季60~90 d可基本完成秸秆堆腐（图6-14）。秸秆堆沤腐烂后，可作下茬基肥施用。

图6-13　秸秆堆腐作业

图6-14　露天秸秆堆腐

三、操作规范

1. 准备阶段

（1）秸秆粉碎或收集。直接腐熟还田的秸秆，应将其均匀平铺在田面上，忌碎草成堆。堆腐还田应将需要腐熟的秸秆收集起来，并切断成小段。秸秆破碎程度影响腐熟剂使用后秸秆的降解进程，一方面，破碎程度较高的秸秆可以使秸秆的部分细胞壁破损，破坏纤维素原有的坚韧结构，从而有利于秸秆的降解；另一方面，秸秆粉碎，增加了秸秆的暴露面积，使得腐熟剂中的降解菌和秸秆接触机会增多，促进腐熟剂中的微生物增殖，继而发挥降解作用。无论秸秆直接还田还是堆腐还田，增加破碎程度均有利于加快秸秆的腐质化进程，一般稻麦油秸秆破碎长度应低于 10 cm，玉米秸秆应粉碎使其长度小于 5 cm。

（2）选择合适的菌种及菌剂。根据当地的农作物和土壤条件，选择适合的秸秆腐熟剂。秸秆的降解是多种酶系协同作用的结果，单菌种由于不能分泌全部的降解酶系，很难达到对秸秆的完全降解；多种菌种组合通过增加微生物的种类，利用它们之间的协调和互补作用，可以实现秸秆腐熟剂降解作用的高效稳定。

腐熟剂如果为水剂，则可在灌溉时进行勾兑直接进入农田，也可以通过专用喷洒车或人工喷雾器淋到秸秆上后再翻埋秸秆；腐熟剂若为粉剂或颗粒态，最好把腐熟剂兑在水中喷洒在秸秆上，也可以将腐熟剂直接均匀撒在秸秆上，然后把腐熟剂和秸秆混拌均匀后施入农田，腐熟剂用于秸秆堆腐时，无论何种剂型，则均需与秸秆混合均匀或分层施用。

2. 施用阶段

（1）规范用量。根据所选择的秸秆腐熟剂品牌和说明，确定合理的用量。一般来说，每千克秸秆需要添加 50~100 g 秸秆腐熟剂。或者将秸秆腐熟剂与泥土（或肥料）拌和均匀后立即撒施到铺好秸秆的田内，每亩施用腐熟剂 2 kg。

（2）科学施用。将秸秆腐熟剂与适量的水混合均匀，形成悬浮液。将悬浮液喷洒在秸秆上，确保每根秸秆都喷洒到。或者用铁锹或铁叉将秸秆翻拌均匀，使秸秆与土壤充分接触。在施用后需要保持土壤湿润，有利于秸秆腐熟剂发挥作用。

（3）控制堆腐秸秆 pH 值。pH 值是影响微生物生长繁殖的重要影响因素，适宜的 pH 值可使微生物有效地发挥作用，大多数微生物活动的最佳 pH 值范围为 5.5~7.5，而真菌的最佳适应 pH 值范围为 5.5~8.5。pH 值除了对微生物的生长有影响外，还通过影响微生物的产酶特性和酶活进而对秸秆的分解利用产生影响。秸秆还田田块过酸或过碱性均不利于秸秆腐解。在秸秆堆腐时可增加适量的碱性物质（如石灰等）调节堆料的 pH 值。

（4）控制水分。水分是影响秸秆腐熟过程的一个重要因素，水分过少会影响微生物的生命活动，一般认为低于 40% 的水分含量就不能满足微生物正常生长繁殖的需要，进而会影响微生物对秸秆等有机物的利用。如果水分低于 10%，微生物的代谢活动就几乎处于停滞状态，但是水分过多，会降低通风供氧的效果，氧传递受阻，影响微生物的生长活动。总之，土壤中的水分过多或过少都不利于秸秆的分解，一般认为土壤含水量在田间持水量的 60%~70% 时，较适合于秸秆的分解，同时堆腐时保持堆料的含水率在 60%~70% 也有利于秸秆堆腐进程。

（5）调控温度。温度是秸秆腐熟过程中影响微生物活动的重要参数，所有微生物都有各自不同的最适合受抑的生长温度、产酶温度以及酶活最佳温度。温度过低，微生物代谢水平低，对有机物的利用水平也低，从而导致对有机物的腐解速度慢；温度过高，也会产生抑制作用，一般认为，温度达到 70℃后，微生物呈钝化状态，有机物分解速度大大下降。秸秆还田后，一般田间温度会在 7~37℃ 范围内，秸秆的分解速度随温度升高而加快，一般温度在 20~30℃ 时微生物对秸秆分解速度最快，小于 10℃ 时分解能力较弱，高于 50℃ 则基本停止对秸秆的分解。因此，在应用腐熟剂时，要根据天气情况，避免过低和过高温度时期，根据外界温度选择合理的使用时间；而在秸秆堆腐时要有效控制秸秆堆体的温度，如温度过低则需采取保温措施，如果温度过高则需翻堆或洒水予以降温。

（6）调控合适的碳氮比。秸秆腐熟的最终效果取决于微生物的代谢生长水平，而微生物在代谢过程受营养物质碳源和氮源的影响。微生物细胞通常的碳氮比为（8~12）∶1，微生物由于生长需要，利用大量碳源的同时需要相应的氮源来配合，会吸收土壤中的速效氮素，与农作物争夺氮素，使幼苗发黄，生长缓慢，不利于培育壮苗。农作物秸秆碳氮比较高，玉米秸秆为 53∶1，小麦秸秆则达到 87∶1，过高的碳氮比在秸秆腐解过程中会出现反硝化作用，一般秸秆直接还田后，适宜秸秆腐解的碳氮比为（20~30）∶1，需要通过尿素等氮肥的施用来调节 C/N，C/N 值小的秸秆相对容易分解，前期分解启动快。对于稻麦油秸秆全量还田时，在原来施肥量基础上，每亩应额外增加 3~5 kg 尿素，或将后期施氮量前移。

3. 管理阶段

在施用秸秆腐熟剂后，需要进行以下管理。

（1）定期检查。在腐熟期间，需要定期检查秸秆的腐熟情况，观察是否有异味、霉变等情况出现。

（2）避免翻动。在腐熟期间需要避免翻动秸秆，以免影响腐熟效果。

（3）及时深翻。秸秆直接还田腐熟应，在秸秆腐熟剂撒入田地后，要及时用翻转犁将秸秆翻埋入土，深度一般要求 20~30 cm，达到粉碎秸秆与土壤充分混合，地面无明显粉碎秸秆堆积，以利于秸秆腐熟分解和保证种子出苗。

（4）旋耕、镇压。春播前，机械旋垄，旋耕深度在 15~20 cm 为宜，旋耕后要进行镇压，消除因秸秆造成的土壤架空，达到无明暗坷垃，土碎地平，为播种创造良好条件。

四、质量标准

进行秸秆腐熟时，肥堆体积塌缩原本的 1/3 左右，腐熟后物料无臭味，无白色菌毛。秸秆变棕褐色，粗硬秸秆全部软化水解。堆温降到 40℃以下。此外，应注意如下几点。

（1）腐熟剂适用于还田的大田作物秸秆，不适用于易引起连作障碍的蔬菜秸秆等还田使用。

（2）腐熟剂使用后应避免长时间晴天暴晒，同时也不能与大量化肥和杀菌剂混施，腐熟剂须置于阴凉、干燥处保存。施用时应尽量选择阴天或早上或黄昏，避免阳光紫外线照射腐熟剂。

（3）秸秆堆腐时，在南方，秸秆堆高不小于 1.2 m，堆宽不小于 1.5 m，长度不限；在北方，冬季秸秆堆高不小于 2.5 m，堆宽不小于 2 m，长度不限。

（4）秸秆堆腐发酵时，必须加入氮肥以调节碳氮比，同时最好混合畜禽粪便以增加物料的缓冲性能或加入可调节秸秆堆料 pH 值的碱性物质，否则影响发酵效果。

第三节 秸秆离田机械化技术

一、技术内容

为解决播种净地问题,实现保护性耕作免耕播种,将秸秆还田过量区域的秸秆利用秸秆捡拾打捆机、秸秆捡拾堆垛车、机械臂等设备,将小麦、玉米等农作物收获后的残留秸秆进行捡拾打捆,打捆收集后的秸秆便于运输和存放,并作为资源再利用,可解决农作物收获后秸秆残留量大的问题,有利于提高下茬播种质量,解决个别农民因播种而焚烧残留秸秆的问题。秸秆捡拾打捆机分为圆草捆打捆机和方草捆打捆机,根据牵引方式不同,分为正牵引、侧牵引。

二、装备配套

1. 装备介绍

秸秆捡拾打捆机(图6-15)由机身、传动机构、喂料机构、密度调节机构、压秸秆活塞机构、秸秆捆长度控制机构及行走机构组成。工作时由电动机(或内燃机)通过传动机构带动连杆驱动喂料压板和活塞作往复运动;适量物料通过进

图6-15 秸秆捡拾打捆机

料口、在喂料压板的作用下,进入储草腔内,再由压杆活塞推入并被压紧前进。当达到料捆长度时,将隔离板插入储草腔内,之后随物料前行,待该板走出储草腔后,即可用绳带捆绑料捆,出机待用。打捆时自动引绳,自动拾取秸秆作物,自动打捆,自动切绳,通过对槽轮大小的调整,来改变打捆时的绳圈和秸秆捆密度,使秸秆捆不散、不凌乱。成形后的秸秆捆体积小而紧密,便于运输和贮存。

秸秆捡拾堆垛车(图6-16)是一种草捆收获机械,由拖拉机牵引,一个驾驶员无须离开驾驶室就可以完成自动捡拾、集载、运输和堆垛等全部工序,从而代替繁重的人工捡拾、堆垛工作。

图6-16　秸秆捡拾堆垛车

秸秆机械装载臂(图6-17)是一种拖拉机前置机械臂,安装在拖拉机的前端,可拆卸,也可根据不同作业情况更换草叉、料斗等作业配件,以实现装载、转运等功能。前置机械臂的安装使用,不影响拖拉机正常的挂接作业,还提高了拖拉机的利用率。

图 6-17 机械臂

2. 技术路线及配套装备

（1）小麦秸秆打捆收集作业技术路线。小麦联合收割机收获→秸秆搂集铺条（辅助作业，如需要）→小麦秸秆打捆机打捆→运输。

配套装备：搂草机、秸秆捡拾打捆机、机械臂、秸秆捡拾堆垛车。

（2）玉米秸秆打捆收集作业技术路线。人工摘穗→割秆机割秆铺条→捡拾型秸秆打捆机打捆→运输（捡拾型玉米秸秆打捆机适用于田间铺放的玉米秸秆的打捆收集）。

玉米收获机摘穗→切割型秸秆打捆机打捆→运输（切割型玉米秸秆打捆机适用于直立玉米秸秆的打捆收集）。

配套装备：秸秆捡拾打捆机、机械臂、秸秆捡拾堆垛车。

三、操作规范

（一）秸秆捡拾打捆机操作规范

1. 小麦秸秆捡拾打捆技术要点

（1）小麦联合收获机作业时，应保证适宜的割茬高度，以便将更多的小麦秸秆打捆收集。

（2）小麦联合收获机作业时，不安装秸秆粉碎装置。如安装，其秸秆粉碎长度应不小于 10 cm。

（3）搂集作业的铺条宽度应符合小麦秸秆打捆机的幅宽要求，确保作业效果。

2. 玉米秸秆打捆收集技术要点

（1）若使用割秆机割秆铺条作业，应保证玉米秸秆铺放整齐，以便捡拾型玉米秸秆打捆机作业，减少漏捡，确保作业效果。

（2）捡拾型秸秆打捆机在作业中，如果遇到秸秆铺过厚的情况，容易出现安全螺丝、安全销断裂现象。所以，需要有专人使秸秆堆散布均匀，均匀喂入机器效果最好。

（3）切割型秸秆打捆机要预防捆绳打结受干扰。由于玉米秸秆在捡拾过程中不是都按顺序进入切碎机部件内，秸秆是成各种角度进入机器内，常常干扰打捆绳结正常打结。因此，需要有专人看护绳结处，预防打捆绳结受干扰致使打不上捆、散花，影响作业效果。

3. 打捆机操作规范

（1）打捆机在使用前，一定要进行必要的调整，其中包括：绕绳机构、捡拾器高度、捡拾器和喂入辊间隙、链条的松紧度、草捆松紧度等部位的调整，检查各零部件运转情况是否正常，若有异常，应停机检修。

（2）当打捆机液压管与拖拉机液压输出端连接后，检查液压管路是否有泄漏，禁止在液压油管有压力的情况下插拔油管。

（3）主机与打捆机的连接。限位臂要连接妥当，过松起不到限位的作用，拐弯抹角，限位臂容易磨主机的后轮胎，摆动幅度过大，也容易造成自身零件的损坏，过紧，拐弯角度增大，地头转向时也容易别毁拾草耙。

（4）打捆机在使用过程中，严禁捡拾器弹齿耙地，注意观察打捆机工作状况提示，按使用说明书规定操作，特别应注意的是：草捆达到设定要求时，要立即使车辆停止前进，同时控制油门保持不变，让动力输出轴继续转动，进行草捆捆扎，捆扎工作完成后，打捆机开启成型室后门卸下草捆，完成打捆作业。

（5）捡拾打捆的过程中动力机械的行驶速度可稍微放快，小四轮带动时以2挡为宜。

（6）当秸秆湿度较大时，易于捡拾打捆，可调低密度孔；当秸秆较干时，易碎，不易捡拾喂入，应调高密度孔。

（7）可以通过调整捆绳的圈数，来捆扎秸秆捆。麦秸干，增加圈数，麦秸湿，减小圈数。调到大轮上，捆绳圈数较多，10 道绳。调到小轮上，圈数较少，7 道绳。

（8）捆绳入绳的长度，以绳头刚好接触到刀片为宜。

（9）打捆机作业时遇到堵塞情况，要关闭发动机，切断动力后再清除。打捆机在卸草时，后面严禁站人，以免挤伤或碰伤。

（10）保护螺丝及刀片应随车配备，以免耽误工时。

（11）打捆机在维修保养时，必须切断发动机动力输出。

（12）拖拉机牵引打捆机在公路上行驶，要注意行车安全，确保动力输出被切断。

4. 注意事项

（1）秸秆捡拾打捆作业前应认真检查作业机具，并严格按照使用说明书的要求进行机具调整、操作。机具操作人员必须经过技术培训，熟悉机具的性能、结构，能够熟练掌握操作要领，方可进行操作。

（2）遇到捆绳不入时，首先检查绳子是否因为质量问题被缠住，例如：结头过大，毛头过大。其次检查绳子入口处秸秆密度，若密度不够高，则绳子与秸秆的摩擦力不够大，这时可以让打捆机多进料，以增大绳子入口处的摩擦力，促使绳子喂入。

（3）保护螺丝扭断的原因：当打捆机吃满秸秆后，报警器没报警，秸秆就会堆堵在入口处，此时若继续行走，就会造成保护螺丝的扭断。

（4）绳子该断的不断，可能因为刀片磨钝，应更换刀片。

（二）秸秆捡拾堆垛车

1. 作业前准备

（1）对捡拾堆垛车进行全面检测、调整和保养。在使用前必须加注齿轮油。

（2）检查配套拖拉机的技术状态，操作是否灵活、可靠。配套拖拉机动力应在 37 kW 以上。

（3）按照说明书要求调整好堆垛车的位置，正确与拖拉机悬挂连接。

（4）做好与秸秆捡拾打捆机的配套检查工作，根据打捆机打好的草捆长度，调整捡拾堆垛车装载货架间距（间距 = 草捆长度 ×3）。

（5）进行试运转，检测各项运动件是否灵活可靠，各项工作是否符合要求，整机运动状态是否良好，如有不当，及时调整，达到正常工作状态。

2. 捡拾作业规范

（1）操作拖拉机，缓慢将草捆对准捡拾堆垛车进料口，匀速前进，使草捆准确进入齿轮传送系统。

（2）机手注意观察草捆输送情况，当齿轮传送系统装满3捆后，减速缓行，确保草捆翻入装载货架后才可继续收集作业。

（3）一旦出现草捆堵塞或翻倒等情况，及时停机处理。

（4）地头转弯时要减速，防止草捆堆翻倒，并注意留出捡拾堆垛车转弯的安全距离。

（5）如遇沟埂或道路上运输，需减速慢行，防止草捆堆翻倒。

3. 注意事项

（1）检查捡拾堆垛车时必须切断动力，待设备稳定停止后进行。

（2）工作时，禁止在设备周围行走；运输时，运载货架内禁止站人。

（3）在整个作业期间，应随时检查设备部件的所有紧固螺栓和螺母，确定其牢固和转动顺畅，有故障应立即解决。

（4）长时间不使用时，应将设备清洗干净并遮盖，以延长使用期限。

（三）秸秆机械装载臂

1. 作业前准备

（1）机械臂安装。选择性能可靠的拖拉机进行机械臂的安装，要求拖拉机液压系统、传动系统工况良好。

（2）配件选择。根据作业需求进行机械臂配件安装，可更换草叉、铲斗、抓斗等配件。配件更换时注意检查各紧固件，确保牢固。

（3）进行试运转，检测机械臂是否能正常作业，各液压系统是否灵活可靠，如有不当，及时调整，达到正常工作状态。

2. 草叉使用规范

（1）检查草捆重量，确保最大装载量不超过草叉作业能力。

（2）草叉作业时，尽量插入草捆中部，使草捆重量均匀分布两叉之间。

（3）草叉插入草捆时，尽量匀速准确，避免插入土中。

（4）草捆运输时减速慢行，防止草捆掉落。

（5）卸草捆时保证草叉下倾，辅助卸料人员在草叉侧后方进行辅助卸料，严禁站在草叉前方作业。

（6）卸料时拖拉机需严格制动，使草叉稳定，卸料完成后匀速后退驶离。

（7）严禁用草叉拨弄物料。

3. 铲斗使用规范

（1）除驾驶室外，机上其他地方严禁乘人。

（2）装料时铲斗的装料角度不宜过大，以免增加装料阻力。

（3）向车内卸料时必须将铲斗提升到不会触及车箱档板的高度，严防铲斗碰车箱，严禁将铲斗从汽车驾驶室顶上越过。

（4）颠簸路段减速行驶，防止铲斗内物料掉落。

（5）工作时，正前方不许站人，行车过程中，铲斗不许载人。

（6）严禁采用高速挡作业。

（7）操作人员离开驾驶位置时，必须将铲斗落地，发动机熄火，切断电源。

（8）出现问题立即停机检查，检查时确保铲斗落地。

四、质量标准

参照方捆打捆机作业质量标准，如表6-4所示。

表6-4 方捆打捆机作业质量标准

序号	检测项目名称		质量指标要求
1	牧草总损失率（%）		≤ 4
2	成捆率（%）	牧草	≥ 97
		稻、麦秸秆	≥ 95
3	草捆密度（kg/m^3）	禾本科牧草	≥ 130
		豆科牧草	≥ 150
		稻、麦秸秆	≥ 100
4	草捆抗摔率（%）	牧草	≥ 95
		稻、麦秸秆	≥ 92
5	规则草捆率（%）		≥ 95

第七章 耕地保育机械化技术

第一节 种肥施用机械化技术

一、技术内容

1. 技术定义

肥料的施用方法主要分为3种，即基肥、种肥和中耕追肥。其中，种肥是一种重要的肥料施用方式，可以提供种子发芽及生长发育初期的营养需求，为后期生长打下基础。用作种肥的肥料要求养分释放要快，不能过酸、过碱，肥料本身对种子发芽无毒害作用。常用作种肥的肥料有腐熟的有机肥料、腐殖酸、氨基酸固体、液体肥、微生物肥料、速效性化肥。

2. 技术原理

种肥施肥方式是在播种的同时将肥料施入土壤中（图7-1、图7-2），肥料

图7-1 种肥施用

图7-2 播种施肥复合作业

为种子发芽及植株生长初期提供养料。

3. 技术特点，好处，作用

合理使用种肥有许多好处。① 化肥深施在 6~15 cm 土层中与人工表施相比，化肥利用率可提高 30% 以上，同时可减少风蚀水蚀带走化肥，延长肥效，使用肥量减少，成本降低，收入增加。② 机械深施化肥可提高作物产量。化肥深施可使 作物根系下扎，扩大根系生长量，促进作物吸收养分和水分，从而增强作物抗旱能力，使产量提高。③ 提高工效，减轻劳动强度。人工施肥效率 0.267~0.667 hm^2/h，机械施肥可比人工施肥提高效率 10 倍以上。④ 抗旱保墒。播种施肥，种肥、土壤隔离层应在 4 cm 以上，可使种、肥不争水。肥与种子施于不同层面上，种子发芽吸浅层水，化肥溶解吸深层水，加之土层越深水越充足，因而保证了化肥溶解所需的水分，还可减少对环境的污染。深施可减少挥发和渗漏，使化肥中的有效成分更多地被作物吸收。

4. 技术分类

种肥的机械施用方法主要为种肥分施和种肥混施两种。种肥分施是指在播种机上装设独立施肥装置，在播种的同时施用种肥，种肥位于种子侧位或正位。目前，发达国家的播种机大多数配备有施种肥装置，例如：美国约有 45% 的谷物条播机、60% 的玉米播种机带有种肥分施装置；种肥混施是指，将化肥与种子排入同一输种管中，施于同一开沟器所开的沟底。种肥混施容易使化肥"烧伤"种子，目前已逐渐被种肥分施设备取代。

二、装备配套

1. 设备分类

根据肥料与种子相对位置不同，种肥施肥方式又分为侧深施肥、正深施肥和种肥混施。由于种肥混施方式的种子肥料直接接触，容易造成烧种，出苗率降低，正逐步被淘汰。

图 7-3 为播种施肥一体机的运行结构演示。

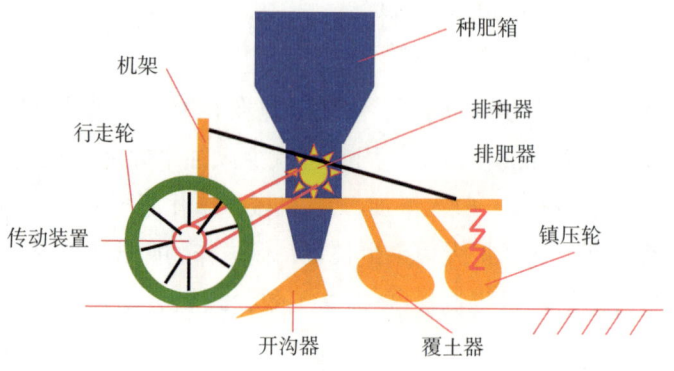

图 7-3　播种施肥一体机示意

2. 机具结构及工作原理

侧深施肥（也称侧条施肥或机插深施肥）技术是配带深施肥器，在播种或插秧的同时将肥料施于种子或秧苗侧位土壤中的施肥方法；正深施肥则指将肥料施于种子或秧苗正下方。目前化肥排肥器的种类很多，常用的有水平星轮式、外槽轮式、螺旋式和振动式等几种。

3. 功能特点及应用范围

（1）水平星轮式施肥机（图7-4）。主要工作部件为绕垂直轴转动的水平星轮，工作时，通过传动机构带动排肥星轮转动，肥箱内的肥料被星轮齿槽及星轮

图 7-4　水平星轮式施肥机

表面带动,经肥量调节活门后,输送到椭圆形的排肥口,肥料靠自重或打肥锤的作用落入输肥管内。常采用相邻两个星轮对转以消除肥料架空和锥齿轮的轴向力。该排肥器适合排晶状化肥和复合颗粒肥,还可以排施干燥粉状化肥。排施含水量高的粉状化肥时,排肥星轮被化肥黏结,易发生架空和堵塞。主要用于谷物条播机上。

(2)外槽轮式施肥机(图7-5)。其主要工作部件槽轮工作过程类似于外槽轮式排种器,还可以把它换成钉齿轮,其工作原理相同。用于排施流动性较好的颗粒化肥时,排肥稳定性与均匀性都较好,其特点是结构较简单,适用于排流动性好的松散化肥和复合粒肥。排粉状及潮湿的化肥时,易出现架空和断条等现象,且槽轮易被肥料黏附而堵塞,失去排肥能力。

图7-5　外槽轮式施肥机

(3)螺旋式施肥机(图7-6)。主要原理是工作时螺旋回转,将肥料推入排肥管。排肥螺旋叶片有普通形、中空形和钢丝弹簧形三种。叶片式施肥量大,但对肥料压实作用也大,只适于排施粒状及干燥的粉状化肥,对吸水性强、松散性差的化肥,肥料易架空、叶片易黏结化肥而无法工作。中空叶片对肥料压实作用较小、施肥量较叶片式均匀,其他特点与叶片式相同。钢丝弹簧式不易被肥料黏附,排施潮湿肥料的能力较前两种强,但对吸水性很强而松散性较差的化肥(如碳酸氢铵、粉状过磷酸钙、磷矿粉等)的适应性仍然较差。在排肥量小时,螺旋式排肥器的排肥均匀性都比较差。

保护性耕作机械化技术及地力培育

图 7-6　螺旋式施肥机

（4）振动式施肥机（图 7-7）。由肥箱、振动板、振动凸轮等组成。工作时，凸轮使振动板不断振动，使化肥在肥箱内循环运动，可消除肥箱内化肥的"架空"。并使之沿振动板斜面下滑，经排肥口排出。排肥量大小用调节板调节，对流动性较好的化肥，可更换调节板。由于振动关系，肥料排量受肥箱内肥料多少、肥料密度、黏结力等的影响较大，排肥量的稳定性和均匀性较差。

图 7-7　振动式施肥机

三、操作规范

1. 准备

（1）要清理播种箱内的杂物和开沟器上的缠草、泥土，确保状态良好，并对拖拉机及播种机的各传动、转动部位，按说明书的要求加注润滑油，尤其是要注意传动链条润滑和张紧情况以及播种机上螺栓的紧固。

（2）播种机与拖拉机安装挂接时，首先将拖拉机的悬挂机构与播种机的挂接机构结合在一起，并销好。播种机与拖拉机挂接后，不得倾斜，工作时应使机架前后呈水平状态。

（3）按使用说明书的规定和农艺要求，将播种量、开沟器的行距、开沟覆土镇压轮的深浅调整适当。注意加好种子。加入种子箱的种子，达到无小、秕、杂，以保证种子的有效性；其次种子箱的加种量至少要加至覆盖住排种盒入口，以保证排种流畅。

（4）为保证播种质量，在进行大面积播种前，一定要坚持试播 20 m，观察播种机的工作情况，进行检查，确认符合农艺要求后，再进行大面积播种。

2. 操作

（1）注意匀速直线行驶。机手选择作业行走路线，应保证加种和机械进出的方便，播种时要注意匀速直线前行，不能忽快忽慢或中途停车，以免重播、漏播；为防止开沟器堵塞，播种机的升降要在行进中操作；倒退或转弯，应将播种机提起。

（2）播种时经常观察排种器、开沟器、覆土器以及传动机构的工作情况，如发生堵塞、黏土、缠草、种子覆盖不严，要及时予以排除。调整、修理、润滑或清理缠草等工作，必须在停车后进行。

（3）播种机工作时，严禁倒退或急转弯，播种机的提升或降落应缓慢进行，以免损坏机件。作业时种子箱内的种子不得少于种子箱容积的20%；运输或转移地块时，种子箱内不得装有种子，更不能压装其他重物。

（4）注意肥箱中肥料和各排肥口的下肥情况，一旦发现化肥在箱内有架空或排肥管有堵塞等现象，应立即停车进行排除。

3. 维修保养

（1）彻底清理播种机各处泥土、杂草等，冲洗种、肥箱并晾干，涂防锈剂。

（2）播种机脱漆处应涂漆。损坏或丢失的零部件要修好或补齐，存放于通风

干燥处，妥善保管。

（3）传动部分及润滑嘴均应清洗干净，各润滑部位均应加足润滑油，链轮、链条要涂油存放，对各弹簧应调整到不受力的自由状态。

（4）播种机上不要堆放其他物品。播种机应放在干燥、通风的库房内，如无条件，也可放在地势高且平坦处，用棚布加以遮盖。放置时，应将播种机垫平放稳。

（5）播种机在长期存放后，在下一季播种开始之前，应提早进行维护检修。

4. 注意事项

（1）每班作业结束后，应清除机器上的泥土、杂草，检查连接件的紧固情况，如有松动，应及时拧紧。

（2）检查各转动部件是否灵活，如不正常，应及时调整和排除。

（3）传动链等有摩擦的部位应加注相应的润滑油。

（4）每次工作结束后，要清空种箱和排种器内的种子。停机时，要落下播种机且要放平。

四、质量标准

种肥施用设备作业质量标准可参照《免耕播种机质量评价技术规范》（NY/T 1768—2009）中排肥标准。

1. 质量标准

在小麦排种量为 150~180 kg/hm^2、玉米条播排种量为 30~75 kg/hm^2、颗粒状化肥含水率不超过 12%、小结晶粉状含水率不超过 2%、排肥量为 150~180 kg/hm^2 的条件下，应符合表 7-1 的规定。

表 7-1 施肥机工作质量标准

序号	项目	质量标准			
		小麦条播	玉米		
			条播	穴播	精播
1	各行排肥量一致性变异系数（%）	≤13.0	≤13.0	≤13.0	≤13.0
2	总排肥量稳定性变异系数（%）	≤7.8	≤7.8	≤7.8	≤7.8

2. 名词解释

(1) 各行排肥量一致性。播种机上各行排种器排种量的一致程度。

(2) 总排肥量稳定性。排肥器在要求条件下排肥量的稳定程度。

第二节 中耕追肥机械化技术

一、技术内容

1. 技术定义

中耕追肥(作业场景见图7-8)是我国农业精耕细作的重要环节之一,是保证稳产、高产不可缺少的重要措施。中耕可以将地表土壤锄松、翻动土壤、除去杂草、提高地温促使肥料分解吸收,并可减少水分蒸发,起到蓄水保墒作用,保持地表土壤有一定湿度。

图7-8 中耕追肥作业

2. 技术原理

中耕将地表土壤锄松后进行机械施肥,可提高肥料利用率。中耕松土后,土壤微生物因氧气充足而活动旺盛大量分解和释放土壤潜在养分。

3. 技术特点、好处、作用

中耕可使追施在表层的肥料搅拌到底层，达到土肥相融的目的。除此之外，中耕机带药箱可以较好地实现定向追肥，有效提高了肥料的利用率，更增强了追肥的时效性。

二、装备配套

1. 设备分类

目前用于中耕作物追肥的排肥器形式较多，主要有水平星轮式、槽轮式、转盘刮刀式、搅龙式、摆斗式和振动式等。其中槽轮式排肥器只能排施晶体状化肥和复合肥料，转盘刮刀式、搅龙式水平星轮式排肥器能排施晶状化肥、复合颗粒肥和干燥粉状化肥；而振动式和摆斗式排肥器除了能排施上述肥料外，还能排施易潮解的粉状化肥，如碳酸氢铵等，但含水率超过一定范围后排肥质量变差。

2. 机具结构及工作原理

（1）水平星轮式排肥器（图7-9）。主要工作部件为绕垂直轴转动的水平星轮，工作时，通过传动机构带动排肥星轮转动，肥箱内的肥料被星轮齿槽及星轮

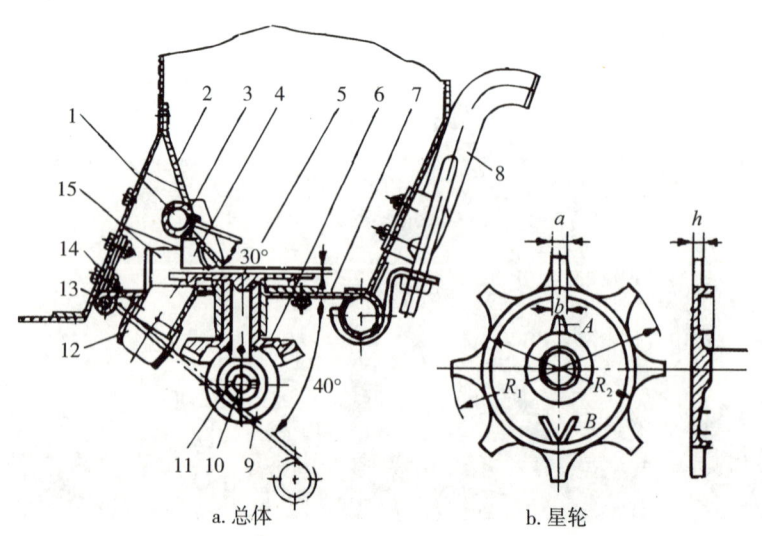

1—活门轴；2—挡肥板；3—排肥活门；4—导肥板；5—星轮；6—大锥齿轮；7—活动箱底；8—箱底挂钩；9—小锥齿轮；10—排肥轴；11—轴销；12—输链轴；13—铰链轴；14—卡簧；15—排肥器支座

图7-9 水平星轮式排肥器结构示意

表面带动,经肥量调节活门后,输送到椭圆形的排肥口,肥料靠自重或打肥锤的作用落入输肥管内。常采用相邻两个星轮对转以消除肥料架空和锥齿轮的轴向力。

该排肥器的肥箱底部装有活页式铰链,箱底可以打开,便于消除残存的化肥;星轮的拆卸也很方便;排肥量的调节可以通过调节手柄改变排肥活门的开度来实现。该排肥器适合排晶状化肥和复合颗粒肥,还可以排施干燥粉状化肥。排施含水量高的粉状化肥时,排肥星轮被化肥黏结,易发生架空和堵塞。主要用于谷物条播机上。

(2)外槽轮式排肥器(图7-10)。其主要工作部件槽轮工作过程类似于外槽轮式排种器,还可以把它换成钉齿轮,其工作原理相同。钉轮式排肥器用于排施流动性较好的颗粒化肥时,排肥稳定性与均匀性都较好;其特点是结构较简单,适用于排流动性好的松散化肥和复合粒肥。排粉状及潮湿的化肥时,易出现架空和断条等现象,且槽轮易被肥料黏附而堵塞,失去排肥能力。

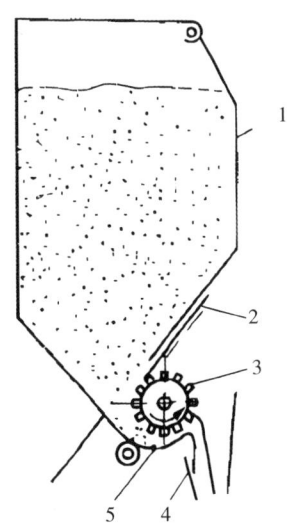

1—肥料箱;2—活门插板;3—槽轮;4—导肥管;5—凹形底板

图7-10 外槽轮式排肥器结构示意

(3)螺旋式排肥器(图7-11)。工作时螺旋回转,将肥料推入排肥管。排肥螺旋叶片有普通形、中空形和钢丝弹簧形三种。叶片式施肥量大,但对肥料压实作用亦大,只适于排施粒状及干燥的粉状化肥,对吸水性强、松散性差的化肥,肥料易架空、叶片易黏结化肥而无法工作。中空叶片对肥料压实作用较小、施肥量较叶片式均匀,其他特点与叶片式相同。钢丝弹簧式不易被肥料黏附,排施潮湿肥料的能力较前两种强,但对吸水性很强而松散性较差的化肥(如碳酸氢铵、粉状过磷酸钙、磷矿粉等)的适应性仍然较差。在排肥量小时,螺旋式排肥器的排肥均匀性都比较差。

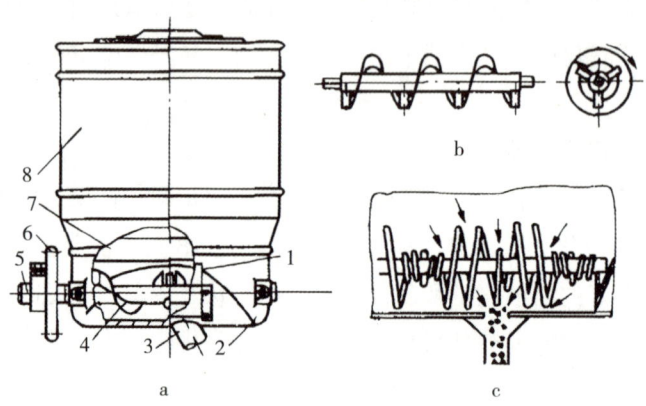

1—插板;2—箱底;3—排肥管;4—排肥螺旋;5—排肥轴;6—链轮;7—隔板;8—肥箱

图 7-11 螺旋式排肥器结构示意

(4)水平刮板式排肥器(图 7-12)。此排肥器是为我国解决碳酸氢铵排施问题而研制的一种排肥器。它的基本特征是由在水平面旋转的曲面刮板或弹击刮板

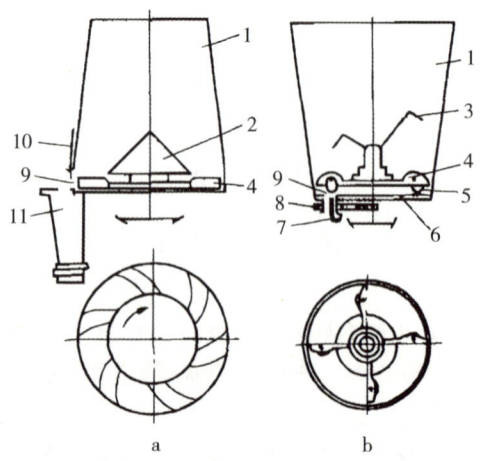

1—肥料箱;2—导肥锥体;3—搅拌器;4—排肥刮板;5—弹击器;6—排肥量调节盘;7—清洁杆;8—清肥杆传动齿轮;9—排肥口;10—排肥口调节插板;11—导肥管

图 7-12 水平刮板式排肥器结构示意

将化肥排出。其优点是能可靠地排碳酸氢铵等流动性差的化肥,排肥稳定性较好;缺点是排肥阻力较大和不适于流动性好的颗粒状化肥。

(5)搅刀—拨轮式排肥器(图7-13)。搅刀—波轮式排肥器是一种通用型排肥器。它的肥箱内装有搅肥刀,在排肥口下方装有拨肥轮。其突出特点是能有效地消除肥料的"架空",可靠地排施含水量很大的碳酸氢铵。当肥料吸湿后导致排肥器无法排出时,这种排肥器能有效地工作。其结构简单,排肥工艺过程简单,供排关系协调、通畅。排肥稳定性均匀性良好,并可通用于排施颗粒状化肥,还可用于播种玉米、大豆与机械脱绒棉籽。缺点是清肥不便,工作阻力大,作为双行或单行追肥机比较合适,不适合在多行谷物条播机上做排肥部件。

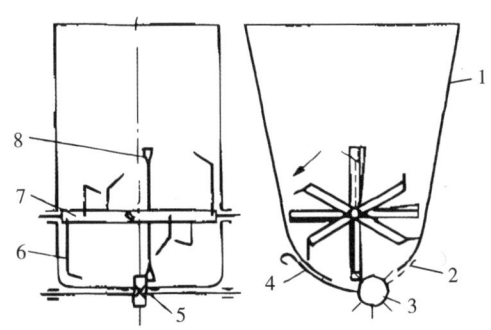

1—肥箱;2—密封胶垫;3—拨肥轮;4—活门;5—排肥口;6—搅刀;7—搅刀筒;8—喂肥叶片

图7-13 搅刀—拨轮式排肥器结构示意

(6)振动式排肥器(图7-14)。由肥箱、振动板、振动凸轮等组成。工作时,凸轮使振动板不断振动,使化肥在肥箱内循环运动,可消除肥箱内化肥的

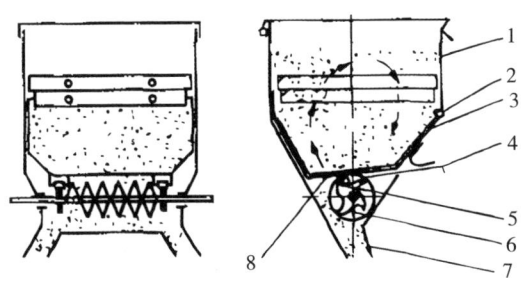

1—肥箱;2—铰链;3—振动板;4—肥量调节板;5—振动轮;6—排肥螺旋;7—导肥管;8—排肥孔

图7-14 振动式排肥器结构示意

"架空"。并使之沿振动板斜面下滑，经排肥口排出。排肥量大小用调节板调节，对流动性较好的化肥，可更换调节板。由于振动关系，肥料排量受肥箱内肥料多少、肥料密度、黏结力等的影响较大，排肥量的稳定性和均匀性较差。现用的振动式排肥器上，振动板倾角为60°、振幅18 mm、频率250次/min。

3. 功能特点及应用范围

目前中耕追肥机功能大体一致，均可实现中耕、除草、施肥等功能，区别仅在于施肥部件结构有所差异。用户在选择时应根据自身种植面积和作物特性进行合理作业。按机具使用场景，中耕追肥机可分为手扶式和悬挂式两大类。

（1）手扶式中耕追肥机（图7-15）。可以实现大型机械无法进入的小块土地、大棚、茶园、丘陵、山地等不同的地形和土质进行作业。机器操作灵活，结构简单，但肥箱容量较小，适合小规模地块使用。

图7-15　手扶式中耕追肥机

（2）悬挂式中耕培土机（图7-16）。通过配备不同作业部件，能同时完成深

图7-16　悬挂式中耕追肥机

松、施肥、起垄、镇压等不同作业工序，作业效率高，肥箱容量大，入土性能好，适于国营农场及大中型地块中耕追肥的作业要求。

三、操作规范

1. 准备

（1）使用前应先调试好，润滑各转动部位，保证排肥器、排肥管排肥畅通，各转动部位转动灵活。

（2）追肥机械要有良好的行间通过性能，施肥后覆盖且镇压密实。

2. 操作

（1）对中耕追肥机平稳性的要求：进行中耕追肥时，处于苗期植株尺寸较小，追肥过程中机械会对植株造成损伤、被土壤掩埋，对此，应将中耕追肥机工作部件（如施肥伊）放置于距植株侧向一定距离，以不埋苗、伤苗为宜，同时为植株更好的吸收肥料创造良好的条件。

（2）对中耕追肥机装配、调整与作业通过性的要求：在农作物不同生长期间，追肥深度也不完全相同。如在农作物生长的后期，植株根系入土较深，则应比苗期的中耕深度要深一些。为了满足上述中耕要求，中耕追肥机的结构应能够按照不同行距、不同的追肥深度，可以对工作部件进行调节。与此同时，中耕追肥机的工作部件，需要适应土壤的起伏，使追肥作业时，工作部件的稳定性达到要求。

（3）对中耕追肥机关键工作部件的要求：中耕追肥机工作部件需要有良好的开沟通过性，并且作业后要求土表尽量平整，尽可能低的土壤扰动量，尽量保证土壤水分，不使其蒸发。同时，选择施肥机的形式时，也要保证其能不乱土层、松土而不使其粉碎。

3. 维护保养

（1）严格按照说明书要求进行调试保养，及时更换机油和齿轮油。

（2）每季作业完成后，及时清除泥土和杂草和油污等，检查紧固螺栓，加注润滑油，停放在通风干燥的农具库中，防止机具因暴晒、雨淋而生锈。

4. 注意事项

（1）早：早中耕，将草苗尽早除去。

（2）勤：勤中耕，多年荒地杂草较多，除尽耕幅内杂草，保住墒度，增加地表温度促进苗子生长速度。

（3）深：中耕深度一般从 8~15 cm，耕地地表松碎，追肥深度在 15 cm 以下，在行中间开沟。

（4）齐：起落一致，地头地边整齐，不漏耕，不漏施。

（5）不：不错行，不压苗，不伤苗，不埋苗，不铲苗。

四、质量标准

作业质量可参照 DB21T 1519—2016《中耕施肥机　质量评价技术规范》。

1. 质量标准

在中等土壤，含水量 15%~25%，土壤硬度 0.4~2.0 MPa，颗粒状化肥含水量不大于 12%，小结晶粉状化肥含水量不大于 5%，排肥量为 150~225 kg。中耕施肥机性能应符合表 7-2 规定。

表 7-2　中耕施肥机性能指标

序 号	项 目	性能指标
1	各行耕深一致性变异系数	≤ 18.5
2	沟底浮土厚度（cm）	4.0~6.0
3	碎土率（%）	≥ 85.0
4	伤苗、埋苗率（%）	≤ 5.0
5	培土（起垄）行距合格率（%）	≥ 78.0
6	土壤膨松度（%）	≤ 40.0
7	入土行程（m）	≤ 1.5
8	有效度（%）	≥ 95
9	首次故障前平均作业量（hm^2/m）	≥ 35

2. 名词解释

（1）各行耕深一致性。各行开沟深度的一致程度。

（2）伤苗、埋苗率。测定 1 m 长度内，伤苗、埋苗等株数占总株数的百分比。

（3）入土行程。锄铲从开始入土起至规定作业深度时止所前进的水平距离。

第三节 固态有机肥撒施机械化技术

一、技术内容

1. 技术定义

厩肥主要指家畜粪尿和垫圈材料、饲料残茬混合堆积并经微生物作用而成的肥料，富含有机质和各种营养元素，使用厩肥能改良土壤、使作物增产。我国施厩肥多将腐熟好的厩肥用大车运至田间匀放成小堆，再用锹撒开。也有在大车上随走随撒的。这种方法劳动生产率很低，且撒肥不匀。厩肥机械化撒施技术是应用先进装备，将厩肥均匀撒施到田间的方法，可极大减少人工消耗。或者利用尾菜、秸秆等废弃物，加工成有机肥，进行撒施利用（图7-17至图7-19）。

图 7-17 尾菜

图 7-18 秸秆

图 7-19 厩肥、有机肥加工

2. 技术原理

大多厩肥、有机肥撒施机均通过肥料箱底部的输肥部件进行肥料输送，通过螺旋、甩链等抛撒装置，实现肥料撒施。排肥量可视需要随时进行调节，以满足农艺要求，排肥均匀性好，撒施宽度可调，撒肥效率高，若卸掉撒施装置，换上车厢后挡板，可当半挂拖车使用。

3. 技术特点、好处、作用

采用撒肥机撒肥可以显著提高劳动生产率，并可提高撒肥质量。据统计，在撒施厩肥的全过程中，厩肥机撒肥所消耗的时间仅占15%，而装肥与运肥的时间则占85%。国外发达国家农业生产实践表明：采用有机肥撒施机，将有机肥撒施到田间，既能改善土壤结构、提高土壤肥力，使土壤中水、肥、气达到协调，提高耕地产出率，又能减轻畜禽粪便、农作物秸秆及生产生活有机垃圾等多种废弃物对环境造成的污染，是实现农业可持续发展行之有效的方法。

二、装备配套

1. 设备分类

厩肥的撒施方法很多，国内外根据地域国情，生产多种型号的厩肥撒施机械，几种较为常用的厩肥撒施机有：螺旋式撒厩肥机、牵引式装肥撒肥车、甩链式厩肥撒布机、悬挂式撒厩肥机。

2. 机具结构及工作原理

（1）螺旋式撒厩肥机（图7-20）。该类机的结构特点是由装在车厢式肥料箱底部的输肥部件进行撒布。撒肥部件包括撒肥滚筒、击肥轮和撒布螺旋等。撒肥滚筒的作用是击碎肥料，并将其喂送给撒布螺旋。击肥轮用来击碎表层厩肥，并将多余的厩肥抛回肥箱中，使排施的厩肥层保持一定厚度，从而保证撒布均匀。撒布螺旋杆高速旋转，将肥料向后和向左右两侧均匀地抛撒。

1—输肥链；2—撒肥滚筒；3—撒布螺旋；4—击肥轮

图 7-20 螺旋式撒厩肥机结构示意

（2）牵引式装肥撒肥车（图7-21）。牵引式装肥撒肥车以动力输出轴传输撒厩肥的动力，也有把撒肥器做成既能撒肥又能装肥的结构。图7-21为国外销售的一种牵引式自动装肥撒肥机。装肥时，撒肥器位于下方，将肥料上抛，由挡板导入肥箱内。这时，输肥链反转，将肥料运向撒肥机前部，使肥箱逐渐装满。撒肥时，油缸将撒肥器升到靠近肥箱的位置，同时更换传动轴接头，改变转动方向，进行撒肥。

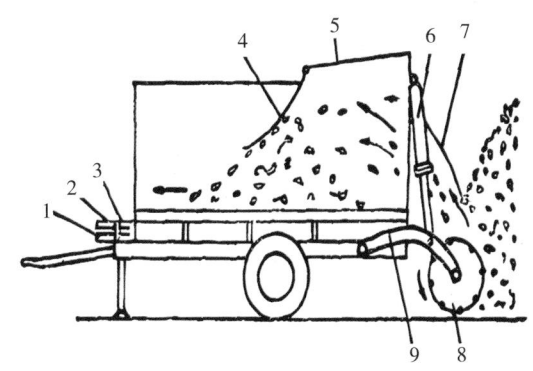

1—撒肥传动接头（540 r/m）；2—装肥传动接头（250 r/m）；3—换向器；
4、5、7—挡板；6—升降油缸；8—撒肥装器；9—传动支撑

图 7-21 牵引式装肥撒肥车结构示意

（3）甩链式厩肥撒布机（图7-22）。甩链式厩肥撒布机采用圆筒形肥箱，筒内有根纵轴，轴上交错地固定着若干根端部装有甩锤的甩肥链。工作时，甩链由拖拉机动力输出轴驱动以200~300 r/min的转速旋转，破碎厩肥，并将其甩出。

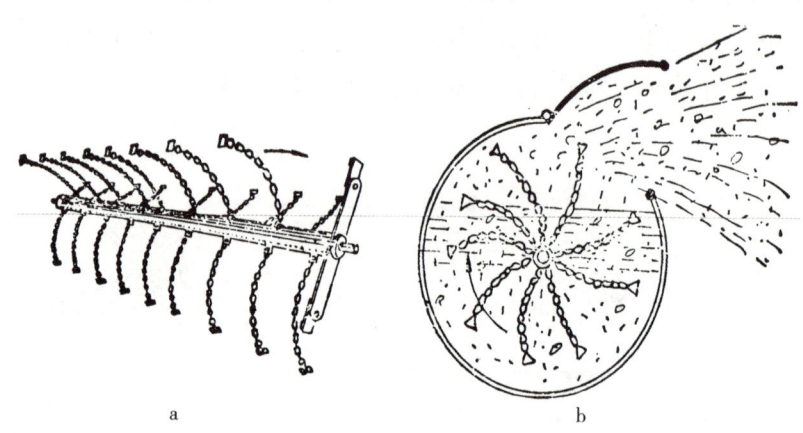

图7-22　甩链式厩肥撒布机结构示意

（4）悬挂式撒厩肥机。如图7-23所示为一种用来撒开田间厩肥条堆的悬挂式撒厩肥机。在机架上装有撒肥滚筒和双向螺旋撒肥器。撒肥滚筒和螺旋撒肥器由拖拉机的动力输出轴驱动。机架的前上方装有反折板以保护驾驶员的安全。

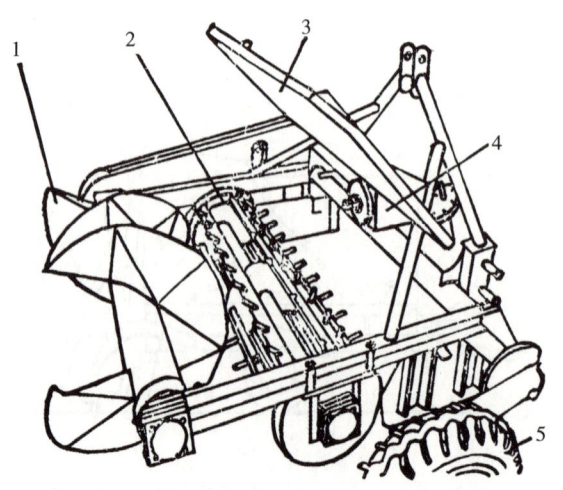

1—螺旋撒肥器；2—撒肥滚筒；3—反折板；4—齿轮箱；5—行走轮

图7-23　悬挂式撒厩肥机结构示意

3. 功能特点及应用范围

（1）螺旋式撒肥机（图7-24）。螺旋撒肥机，能将有机肥进行破碎并抛撒，具有破碎效率高、抛撒范围广而均匀的优点。一般在肥料仓下方的车架底盘上设有肥料传输装置，肥料仓的后侧设有肥料破碎抛撒装置，后侧顶部设有一通过控制门液压油缸控制的向上掀开的肥料落点控制门，在支撑架的中部水平安装有若干个破碎抛撒辊，在肥料破碎抛撒装置下方的车架底盘上设有一肥料撒布装置。

图7-24　螺旋式撒肥机

（2）牵引式装肥撒肥车（图7-25）。具有机动性好，结构简单、操作方便、撒播均匀、使用可靠等特点，用于拖运和抛撒固态物料，包括堆肥、厩肥、垫床废料等。价格较低，适合进行小容量的肥料抛撒。

图7-25　牵引式装肥撒肥车

三、操作规范

1. 准备

第一次使用机器之前，必须认真阅读设备说明书。

（1）必须遵守标牌规定的重量和载荷，禁止超负荷挂接。

（2）当撒肥机装载肥料时，禁止将撒肥机停放在支撑机械上，停在支撑机械上的拖车禁止移动或运输。

（3）停放撒肥机时要确保它是牢固的，如果停放的地面是松软的，应增加支撑轮等支撑物，禁止撒肥机滚动。

2. 操作

（1）根据作物生长需求控制撒肥量，通过调节推送速度和拖拉机行驶速度控制总体施肥量。

（2）当机器使用时，任何人不得进入拖车和箱式撒肥机之间的区域，同时应避免紧急转弯。

3. 维护保养

（1）清洗时完全清空箱式肥料撒施机，关闭机器的所有活动板和阀门。先用清水简单冲洗整个肥料撒施机，再用高压清洁剂清理撒肥机的外部，可延长机器的使用寿命。

（2）长时间存放，将撒肥机与拖拉机的液压系统、气动线路和电气线等连接部件断开，然后将机器盖上防尘罩。

（3）在进行维护及故障诊断时，必须保证发动机为停止工作状态。

（4）如果条件允许，关键部位的螺母、螺栓须定期检查，并确保它们复原安装在正确的位置上并拧紧。

（5）机器在维修过程中必须有支撑机械以保证工作安全

（6）在拖车和连接设备上进行焊接作业时，务必要断开发电机、蓄电池等电源与电缆。

（7）更换的零件要尽量使用原装配件，如果使用其他厂商配件必须满足相应的技术要求。

4. 注意事项

（1）物料装填时应尽量使用适宜机械，若人工上料，务必确认设备停止运行。

（2）单位面积撒肥量与作业行走速度密切相关，应根据实际需求确定适宜行走速度。

四、质量标准

作业质量可参照 DB23/T 2345—2019《厩肥抛撒机作业质量评价规范》，在作业中，纯工作小时生产率、施肥量、抛撒幅宽不低于产品明示值的下限，施肥均匀性变异系数在 30% 以内，使用有效度在 98% 以上。有机肥料推荐施用量，参考可参考 DB14/T 2608—2022《旱作农田有机肥料施用技术规程》。

粮食作物生产有机肥料推荐施用量可参考表 7-3。

表 7-3 粮食作物生产有机肥料推荐施用量

土壤有机质含量（g/kg）	有机肥料推荐施用量（kg/亩）		
	农家肥	有机肥料	生物有机肥
0~10	1 500~2 500	500~800	300~400
10~20	1 000~1 500	400~600	200~300
30 以上	750~1 000	300~400	100~200

第四节 液态有机肥撒施机械化技术

一、技术内容

1. 技术定义

有机肥广义上指以有机物质（含有碳元素的化合物）作为肥料，包括人粪尿、厩肥、堆肥、绿肥、饼肥、沼气肥等，具有种类多、来源广、肥效较长等特点。有机肥所含的营养元素多呈有机状态，作物难以直接利用，经微生物作用，缓慢释放出多种营养元素，源源不断地将养分供给作物。施用有机肥料能改善土壤结构，有效地协调土壤中的水、肥、气、热，提高土壤肥力和土地生产力。有机肥中常用的堆肥，是固态肥料，而沤肥产生的大多是液态肥料。沤肥所用原料与堆肥基本相同，只是在淹水条件下进行发酵而成，如沼液（图 7-26 至图 7-28）。

图 7-26　沼气发酵罐

图 7-27　氧化塘

图 7-28　粪污发酵沉淀池

2. 技术原理

液态有机肥主要使用施肥罐车或管道进行原料抽取，再进行地面撒施，方式主要包括地表施用，开沟地下施用等。

3. 技术特点，好处，作用

液态有机肥为腐熟的人畜粪尿和植物，是很好的有机肥，有机肥料富含有机物质和作物生长所需的营养物质，不仅能提供作物生长所需养分，改良土壤，还可以改善作物品质，提高作物产量，促进作物高产稳产，保持土壤肥力，同时可提高肥料利用率，降低生产成本。与固体有机肥相比，液态有机肥更容易进行土壤渗透和肥力分布，可直接与作物的叶及根部接触，有直接吸收的功效，虽其养分总量较低，但肥效较快，且液肥制造过程较简便，不需经干燥、冷却、包装等过程，可降低生产成本。

二、装备配套

1. 设备分类

最早的液态有机肥洒施主要是通过动力泵将肥液吸出，再通过管道或喷嘴直接将液态肥洒到地表，但该方式施用的液肥直接裸露在地表，易损失且不卫生（图7-29）。

图7-29　地表直接施用

目前较为先进的施用设备主要是泵式液态有机肥施用车（图7-30）。主要是通过车上装有的抽吸液泵，将液态有机肥从贮粪池抽吸到液罐内，在运至田间后再由泵对液罐增压，排出肥液，同时配合专用管道或开沟覆土设备，实现肥液深施。

图 7-30 泵式液态有机肥施用车

2. 机具结构及工作原理

目前国内外常用有 3 种不易造成液肥损失的撒施机械：第一种为管道式液肥注入机，利用泵从液肥罐中将液肥抽出，经过管道组直接注入土壤；第二种为鞋靴式液肥注入机，同样利用泵将液肥从罐体内抽出，并注入土壤，并同时覆土；第三种为楔形液肥注入机，用泵将液肥注入土壤、覆土，可显著减少机具对土表的扰动。3 种机器在液肥施用上非常有效，但在减少液肥中氨损失方面，以楔形注入机效果最好，其次是鞋靴式注入机和管道式注入机。

目前，液态有机肥洒施机正向大容量、多功能方向发展，其罐体容量可达 30 m^3 以上。在抽吸装置方面，可配备各种不同的抽吸设备，既有简单的手动接装抽吸管，又有液压控制的短型或长形抽吸臂；在撒施装置方面，既可配备简单喷嘴，又可配备 9~18 m 喷灌软管台及深松施肥器等。

3. 功能特点及应用范围

（1）圆盘开沟液肥施肥机（图 7-31）。该类机可以通过牢固的真空泵将各种液体、浆体类物质自动吸取到罐体中，并通过液压控制的洒播器充分均匀地洒播到土壤中。开沟圆盘可实现开沟后施肥，保证液肥深施，可根据情况选配多种不同类型分施器，适应于各种工作环境。

图 7-31 圆盘开沟液肥施肥机

（2）管道注入施肥机（图 7-32）。通过牢固的真空泵将各种液体、浆体类物质自动吸取到罐体中，并通过液压控制的洒播器充分均匀地洒播到土壤中。维护保养简单方便，注入管道系统可液压折叠，方便道路行驶。

图 7-32 管道注入施肥机

三、操作规范

1. 准备

（1）第一次使用机器之前，必须认真阅读设备说明书。

（2）必须遵守标牌规定的重量和载荷；同时，保证所用动力（拖拉机）的最大允许牵引负载，禁止超负荷挂接。

2. 操作

（1）装料时确保不吸入石块、木块等异物，并随时观察压力阀，保证物料匀速吸入。装料完毕必须清扫吸料管，以延长使用寿命和确保良好的密封。

（2）下田作业前先确认压力阀数值正常，打开分施器，检查各条分施管路、开沟器等部件是否破损。各项检查正常后方可进地作业。

（3）施肥作业时保持拖拉机匀速行驶，遇到颠簸起伏路段，减速缓行。

3. 维护保养

（1）若作业后长时间不使用，可吸入清水再排出，进行罐体内部及管路清洗。

（2）压力阀必须每年检查一次，两至三年必须检查阀芯。

（3）在进行维护及故障诊断时，必须保证发动机为停止工作状态。

（4）机器在维修过程中必须有支撑机械以保证工作安全

（5）更换的零件要尽量使用原装配件，如果使用其他厂商配件必须满足相应的技术要求。

四、质量标准

作业质量参照 GB 10395.24—2010《农林机械安全 第 24 部分：液体肥料施肥车》，对作业过程安全操作重点注意以下几点：

（1）用连接软管灌注的施肥车应设置运输过程中将软管支撑和可靠保持在施肥车上的装置。

（2）灌注臂的人工操纵机构（如果有）应仅能在拖拉机或自走式施肥车驾驶位置进行操作。驾驶员在驾驶位置上应能看到灌注臂的整个运行范围。

（3）当按使用说明书要求折叠/打开撒施架或注射架时，撒施架或注射架的任何部位离地高度均不应超过 4 m。

（4）折叠/打开操作的人工操纵力不应超过 250 N。

（5）能人工折叠/打开的撒施架或注射架应装两个手柄，手柄距最近铰接处的距离不小于 300 mm。只要合理设计并明确标识，手柄可与撒施架或注射架设计为一体。

（6）如采用动力操作，摆转部件的操纵机构应采用止—动控制（持续操纵）型，且应位于摆转区外。

（7）在撒施架或注射架端部测得的折叠/打开速度应不大于 0.5 m/s。

（8）施肥车应装备防止折叠在运输位置的撒施架或注射架移动的装置。如果锁定装置是一个不直接安装在液压缸上的液压阀，则该阀与液压缸之间液压元件的爆裂压力至少应为其需用压力的 4 倍。

（9）机动施肥车应装防止压力过高的溢流装置，溢流装置应满足：最小直径为 150 mm；其置位或布置使溢出的液体或气体不会喷向操作者工作位置。

第八章 耕地扬尘及作业质量监测技术

第一节 耕地扬尘监测机械化技术

一、技术内容

1. 技术定义

扬尘指的是地表松散颗粒物质在自然或者人力作用下进入到环境空气中形成的一定粒径范围的空气颗粒物。扬尘主要由松散地表浮土受风力或人为扰动而产生，室外生产劳作，车辆行驶、人员行走等都会产生扬尘。从数据统计来看，扬尘的主要来源是施工扬尘、道路扬尘及裸地扬尘。耕地扬尘指的是农田生产中，来源于裸露耕地地面的空气颗粒物。相关研究表明，耕地扬尘排放占土壤扬尘排

图 8-1 小麦收获田间情况

放总量的 60% 左右，及时精准监测耕地扬尘的产尘情况，锁定耕地扬尘排放源头，做好耕地扬尘减排对改善空气质量具有重要意义（图 8-1）。目前常见的扬尘监测技术方法有光散射法、β 射线法。

2. 技术原理

通过具有一定切割特性的采样器，以恒速抽取定量体积空气，使环境空气中的颗粒物被截留在已知质量的滤膜上，根据采样前后滤膜的重量差和采样体积，计算出扬尘颗粒物的浓度。

3. 技术特点及优势

耕地扬尘是大气扬尘污染防治的重要方面，采用扬尘监测机械化技术能够实时监测耕地扬尘的数据，通过系统平台，实现数据的上网在线监测，实现了耕地扬尘污染在线监测、管理一体化，提升了科学管理的效率和能力，及时掌握耕地扬尘数据情况，为生态环保管理部门提供数据支撑，对有效控制耕地扬尘污染提供更加科学的技术支持。

二、装备配套

1. 设备分类

根据监测技术方法的不同，目前常用的耕地扬尘监测技术方法可以分为有光散射法、β 射线法，较之传统的筛分法、沉降法测量扬尘浓度，具有适用性广、测量速度快、准确性高、可在线实时监测等优点。根据监测点是否可移动，又可以分为移动式监测设备和固定式监测设备。固定式扬尘监测设备需要安装立杆固定，移动式扬尘监测设备可以手持或者车载方式进行移动监测作业。

2. 机具结构及工作原理

（1）光散射法扬尘监测技术。该技术采用高灵敏的光散射光度计（浊度仪）技术测量颗粒物浓度。颗粒物首先经过粒子切割器，切割出我们需要测量的 PM1、PM2.5、PM4 或 PM10 粒子，然后如图 8-2 所示，切割后的颗粒物经过进样口进入到光学测量室内。光源产生 880 nm 的红外光照射到颗粒物上发生散射，位于 90° 角位置上的探测器将散射光捕获。通过散射光强与校准颗粒物质量浓度的关系，实时计算并将质量浓度传送到数据采集与处理子系统。这种能理想地反映颗粒物特性的光学仪器能提供连续的总悬浮颗粒物浓度和切割点为 PM10 至 PM1 的颗粒物浓度。

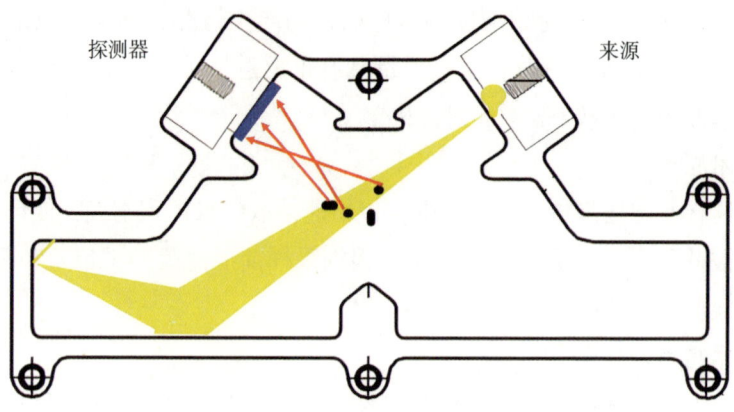

图 8-2 系统光学图示意

仪器内安装了气压传感器、温度传感器,与被校准后的精确限流孔两端压差的数字反馈信号结合,通过使用这样的流量控制组件,对流量进行精确控制,可以获得准确的样品体积和精确的颗粒物粒径切割点,实现了颗粒物的准确切割。颗粒物精确切割和数据优化保证仪器的高准确性,与美国 EPA 认证方法可比。并且颗粒物原位测量子系统配置了有温湿度传感器的加热器,可以有效抑制湿度增加后带来的正偏差。图 8-3 所示为光散射法扬尘监测设备,图 8-4 所示为扬尘观测站点。

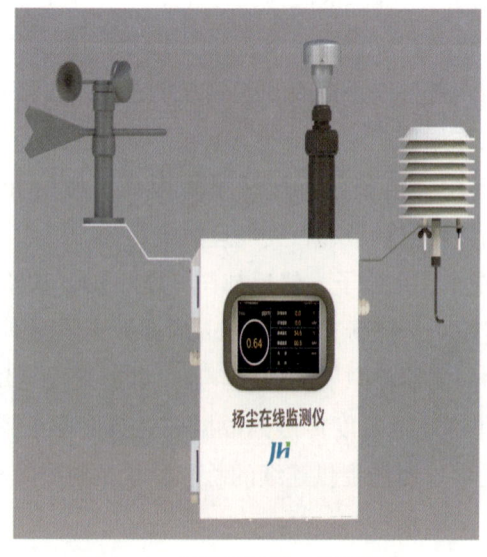

图 8-3 光散射法扬尘监测设备

第八章 耕地扬尘及作业质量监测技术

图 8-4 扬尘观测站点

（2）β射线法扬尘检测技术。该技术由颗粒物监测模块、温湿度压力监测模块、风速、风向监测模块、数据采集和传输系统、视频监控系统、除湿干燥器、后台数据处理系统及信息监控管理平台等组成，利用β射线衰减原理自动测量空气中颗粒物的质量浓度。将 ^{14}C 作为发射源，其中微量的 ^{14}C 元素不断发出的高能电子被称为β粒子，这些β粒子被一个灵敏的检测器检测和计数，样品空气通过切割器以恒定的流量经过进样管，颗粒物截留在滤膜上。β射线通过滤膜时，β粒子能量发生衰减，β粒子信号的衰减程度可用来计算滤带上的粒子质量浓度，通过对衰减量的测定计算出颗粒物的质量，根据采样流量、采样时间和滤膜面积来计算实际状态下环境空气中颗粒物的浓度。

3. 功能特点及应用范围

（1）光散射法扬尘监测技术。该扬尘监测技术无须更换切割头，能同时实现 TSP、PM2.5 和 PM10 质量浓度的实时在线监测；采用泵吸式的采样方式，确保数据的稳定性和及时性。采样口加热除湿功能，去除湿度对测量数据的影响；4G 网络无线传输数据，无须 DTU 和数采仪，节约成本；设计安卓系统，不仅系统稳定可靠，且简单易懂，操作简便，兼容性强。实时数据 1s 更新一次，能实现一年以上的数据存储；安装方式多样，可选壁挂式、立杆安装、支架安装等；

价格低廉，适合大面的布点监测；采用太阳能-锂电池供电，解决野外取电困难的难题，具备零电量自动校准功能。图8-5所示为立杆式扬尘监测装置，图8-6所示为多功能扬尘气象监测装置。

图8-5 立杆式扬尘监测

图8-6 多功能扬尘气象监测

（2）β射线法扬尘检测技术。① 安全防护，性能稳定。该技术采用低密度、低活度、半衰期长的碳14源，密封装在特定金属结构中，测量稳定且无需特别防护，不会造成放射性污染。② 而且电机定位采用红外位置检测仪，仪器重复定位精度高。采用全程采样智能加热湿度调控技术，减少空气湿度对测量数据的影响。采用比例调节阀动态控制技术，恒流精度高。同时采用通用的校准膜校准，仪器准确性高。

（3）用于耕地场界扬尘监测范围。在风力及农机作业影响下，粒径越小的扬尘扩散范围越大，因此现场测量选择粒径较小扬尘分布较多的高度进行测量，监测高度应在3~5 m，同时因为风向风速等因素对于扬尘扩散影响较大，而监测耕地扬尘的主要目的就是掌握耕地扬尘数据，因此加入气象参数如温度、湿度、风向、风速、雨量等监测，对于准确获得扬尘扩散范围十分重要。在风向风速测量过程中，要排除周边物理建筑、树木等因素，因此高度选择也应在3 m以上。在水平监测点分布选择上，则应考虑耕地扬尘比较代表性的场合，一般应安装在裸露地、农田地，这些区域内地面尘土较多，并且容易受到耕作扰动，形成扬尘。

三、操作规范

1. 准备

监测点的选择应有利于扬尘治理工作,重点考虑空气扬尘比较集中的场合,结合现场周边风向等因素,选择适合的监测位置。一般应安装在农田作业现场 5~20 m 区域内、裸露地处(图 8-7)。这些区域内地面尘土较多,并且容易受到农机作业的影响,形成扬尘。

图 8-7 扬尘监测设备调试安装

根据部位与要求选择恰当的安装方式。采用立杆安装方式时,除特殊情况外,设备离地面高度一般不低于 3 000 mm(图 8-8)。需要用电,立杆内部预埋 PVC 管(如 Φ20mm),用于引入电源线,与底基内预留出的子管相连。主杆出线孔到横臂之间预留一根穿线铁丝,箱体与主杆之间应看不到任何引线,并有防渗水措施。维修孔上下共两个,方便穿线及维护。

小麦田扬尘监测设备和玉米田扬尘监测设备见图 8-9 和图 8-10。

图 8-8　扬尘设备安装效果

安装期间，尽量选择白天，现场施工人员须佩戴安全帽，并在半径 5m 范围内设定施工区域，设置警示装置，禁止旁观者进入施工区域。

图 8-9　小麦田扬尘监测设备　　　　图 8-10　玉米田扬尘监测设备

2. 操作

（1）日巡查。如发现问题，及时通过远程管理维护功能解决故障。当数据采集传输因通信中断造成漏发时，以自动及人工请求等方式补发特定时段数据。如果远程维护不能及时解决，则通过在线监控平台向运维人员下达故障维修派遣单，由各专区的运维人员在1h内到达现场后进行维修，如需更换备件，则从移动库房直接领取备件更换。

（2）周巡检。运行维护人员每周进行巡检，并及时排查故障。检查各台仪器及辅助设备的运行状态和主要技术参数，判断运行是否正常。

（3）月巡检。运行维护人员每月定期对各个站点进行现场归零校准及平行性检查工作。检测设备应满足国家对计量器具的检定要求。

（4）季度巡查。检查各部件耗损情况，包括线缆、接插件、密封件、固定件，必要时进行更换；对密封圈等易耗品三个月更换一次；整套系统进行一次重复性、零点漂移和量程漂移试验，并进行记录。

3. 维护保养

（1）建立巡检日志，详细记录设备的运行情况及巡检维护情况，对日常巡检中发现的设备故障及时排查。

（2）对于通过更换零部件就能解决的故障，直接更换备品备件。建立设备应急处置机制，制定相应的处置办法，备齐相应配件及诊断工具。

（3）在故障发生后实时远程故障响应；无法远程修复的，在故障发生后1h内到达现场分析具体原因，排除一般性非硬件故障；故障无法排除，根据故障类型携带备件进行更换；更换备件无法排除故障，2h内更换备机，同时实行手工监测（每天两组监测数据）。

4. 注意事项

（1）监测设备一般放在立杆的顶部，容易遭受直击雷损坏，在摄像头立杆顶安装小型避雷针，以防其被雷击坏。取立杆高度为4~6 m，避雷针长度为1.5~2 m为宜。避雷针应与金属立杆牢固焊接，用金属立杆作为接地线，用4×40的扁钢将其连接到简易地网角钢处，将直击雷电流安全泄放入地。

（2）雷击电磁脉冲（LEMP）所产生的感应电动势通过侵入通道叠加在线路信号上产生瞬间高电压，击毁各类用电设备和微电子芯片，因此室外安装时必须将防感应雷作为重点，进行有效的防御。本系统重点考虑供电电源线进行重点防护，同时做好等电位连接和共用接地系统。

（3）防雷器用 ≥ 2.5 mm² 的绝缘多股铜芯黄绿色软线直接与地网连接，接地线和用作直击雷引下线的立杆之间要彼此绝缘，并且尽量做到短而直。接地线宜放置在立杆内。

四、质量标准

（1）技术指标要求。耕地扬尘监测作业质量可参照 DB12/T 725—2017《扬尘在线监测系统建设及运行技术规范》对监测技术指标的要求。耕地扬尘监测技术指标要求见（表 8–1）。

表 8–1　耕地扬尘监测技术指标要求

指　　标	技术要求
测量范围	0~400 mg/m³（可选）
最小显示单位	1 μg/m³
时间分辨率	≤ 10s
准确度	与手工监测法比对，相对误差 ≤ ±15%，相关系数 ≥ 0.85
平行性	≤ 10%
自动除湿	具有自动除湿功能
校零	具备自动校零功能
浓度报警	可在全测量范围内灵活设置
数据类型	分钟值、小时值（以起始时间计）
数据存储时长	一年以上
运行环境	–10~50℃，10%~95% RH，无冷凝

（2）数据质量要求。① 小时数据传输有效率不低于 95%，小时数据有效率不低于 75%。② 日平均浓度值有效性。每个站点每年至少有 324 个工作日平均浓度值；每月至少有 27 个日平均浓度值；每天至少有 20 个有效小时平均浓度值或采样时间。

（3）有效性措施。① 启用平台、手机 App、短信报警功能，第一时间通知维护人员，及时解决。② 配备移动库房，维护人员在第一时间内对出现故障的设备进行维修并更换。

（4）数据统计评价。定期对数据统计报告与工作报告进行汇总整理，并根据报告反映的问题及时采取相应调整措施。报告具体包括各监测点的名称；各站点传输率是否达标；数据同比、环比等统计分析。

第二节 深松作业质量监测机械化技术

一、技术内容

1. 技术定义

土地深松作业是一项改善土壤耕层，提高土壤蓄水保墒能力，提高农作物产量的耕作技术。深松作业质量监测主要是对深松作业深度、作业面积进行监测，显示出作业地块的作业面积、平均作业深度、作业速度等监测内容。近年来，信息化、智能化技术不断发展成熟，作业监测、远程调度等农机信息化服务平台被大量投入使用，数据信息互联共享更加便捷。随着国家对农机深松作业的重视和推广力度不断加大，加快机械化信息化融合，推广使用智慧农机装备与技术成为农业现代化发展的必然趋势。因此，开展农机深松整地作业智能监测技术应用，通过物联网技术、无线通信技术等技术，对农机深松作业质量实现智能化监测显得十分必要。

图 8-11 所示为深松监测技术系统。

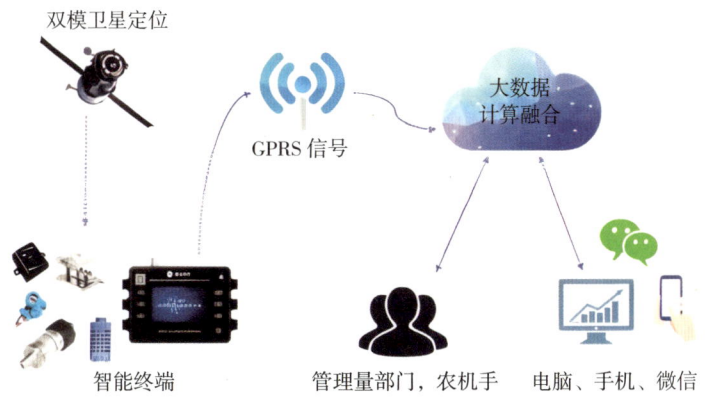

图 8-11 深松监测技术系统

2. 技术原理

深松机是一种可以在田间进行全方位深松整地作业的农业机械，通常与大马力拖拉机配套使用。通过安装在大臂上的倾角传感器的角度变化，判断是否为作业状态，并计算机架与地面距离的变化，得到深松机的深松铲入土深度，即实际的深松深度值；安装摄像头采集农机作业图片信息。实现耕深准确探测，面积精准计算，轮作报警等功能，为深松补贴发放提供夯实的数据依据。

3. 技术特点及优势

在农业生产中，机械深松作业需要在地块内稳定地满足深松深度等作业质量指标要求，达到规定的作业面积，减少漏耕、重耕等不良现象的发生。传统的监测方式以人工测量为主，通过人手持钢板尺、面积测量仪等仪器设备监测深松质量，在此过程中常伴随着耗费时间长，测量数据点少，面积统计多报、漏报的现象，其工作量大、效率低下，难以满足大面积、远程监测的需要。使用深松作业监测技术，配套深松监测传感器，实时获取耕深数据，将数据通过车载终端传输到远程管理平台，同时通过田间试验校验，实现了作业质量准确探测、面积精准计算、远程监测。同时，配套远程管理平台，平台通过接收终端上传的详细作业信息来进行存储和管理农机作业数据、精准计量农机深松作业面积，对深松作业质量数据进行统计汇总分析。该技术有助于农机管理部门及合作社掌握深松生产进度、作业面积，方便农机手对作业面积、作业质量及作业功耗进行实时把控。

二、装备配套

1. 设备分类

深松监测技术用到的核心技术包括物联网技术、导航定位技术、无线通信技术。

2. 机具结构及工作原理

具体是依赖拖拉机的下拉杆和深松机具（图 8-12）的悬挂装置，在深松作业过程中需要调节拖拉机的下拉杆位置来进行作业，保证深松铲在入土之前有一定程度的倾角。在深松铲进入土壤达到指定深度后，要保持深松机的前后深松铲在同一水平位置上，以此确保前后铲的深松作业深度可以相同。通过分析深松机结构及悬挂系统的几何模型，采用间接测量耕深方法。通过在深松机横梁上安装超声波传感器及犁架上安装倾角传感器，根据深松机及下拉杆在作业过程中的运动状态来间接测量深松深度（图 8-13）。

图 8-12 深松机

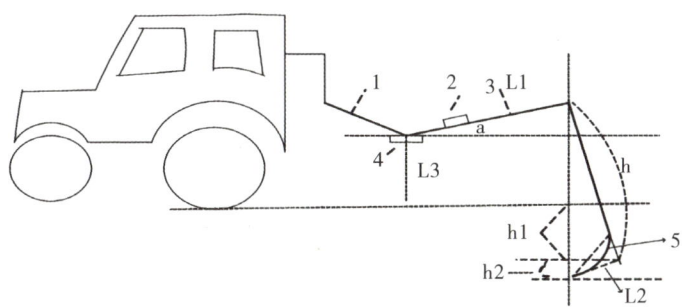

图 8-13 深松深度测算解析

3. 功能特点及应用范围

（1）物联网技术。物联网是指将各种的物体用各种通信技术组成网络，在网络内的物体之间可以进行信息交互，这样就可以将网络应用到各个场景，实现智能化识别和控制等功能。通过分析物联网的通信对象和过程，可以将物联网的主要特征概括为信息感知、安全传输和智能化处理。信息感知离不开传感器技术，利用射频识别、二维码以及智能传感器设备实现对物体各种数据的获取。获取到的物体信息需要实现安全可靠的数据传输，依靠的是现代通信技术。物联网通过对互联网、无线网络等通信网络的融合，可以实现将感知到的数据信息准确、高速地传送。智能化处理是指信息的加工过程，使用大数据技术和云计算技术等各种智能技术，对感知和传送到的数据进行分析处理，提出智能分析策略，实现监测和控制的智能化。

（2）导航定位技术（图8-14）。导航定位技术主要是自动导航驾驶技术，农机自动驾驶系统由固定参考站、车载系统两大部分组成。系统工作前须将导航终端各部分准确安装在拖拉机上，工作过程中首先在控制器部分设定好农用车辆的行走路线，设置导航模式（直线、曲线或者环线）。通过接收RTK基站发出的差分数据，实现高精度的卫星定位，并实时将定位信息和从角度传感器传来的车轮运动信息发送至控制器。导航控制器通过定位系统的坐标及车轮的转动信息实时向液压控制系统发送指令，以控制液压油的流量和方向，从而控制拖拉机的行驶，实现拖拉机按照设定路线行驶，达到高精度导航目的。

图8-14　导航定位技术

其中车载系统安装在车内，将GNSS天线固定在车顶，通常将电台或者3G/GPRS固定在车外，接收来自参考站的差分信号，达到RTK解状态，并将定位信息传送给ECU，ECU通过RS232接收来自流动站的定位信息，结合角度传感器、陀螺仪感知行驶过程中的摆动与方向，经过数据处理，将控制信号传输给液压，并通过Wi-Fi或者有线网络在平板电脑上显示相关图形化信息，液压控制器接收到控制信号，控制阀门开关，达到控制方向目的，作业拖拉机根据位置传感器设计好的行走路线，通过控制拖拉机的转向机构，进行农业耕作，达到作业精准的目的。

（3）无线通信技术。无线通信是指利用电磁波信号在自由空间中传播的特性进行信息交互的一种通信方式。这种通信方式凭借着自身的优点广泛应用于各个工业领域。结合农机作业环境，从通信距离、通信模式、数据传输安全性以及模块成本等方面综合考虑，选用GPRS无线传输技术较为合适。① 覆盖面广。随着近几年移动网络的快速发展，已经基本上实现了全国大部分地区的覆盖，只要有移动的信号的地方就可以接入网络。② 实时在线。GPRS网络激活之后，服务项目会一直保持在线。因为它不占用信道，所以默认情况下GPRS永久保持在线而不占用路由。③ 按量计费。GPRS网络是根据发送和接收的字节数来计费的，有数据交互时才会占用频宽，可以有效地提高网络的利用率。④ 传输速度。GPRS虽然是基于GSM通信系统，但是分组交换技术的运用使得GPRS其相较于GSM的传输速度有了大幅提升。

三、操作规范

1. 准备

深松监测仪的正确使用和作业操作规范应引起机手的注意。作业前要做好深松检测仪安装调试工作，首先选择合适地块，将深松机作业深度调整至作业质量要求的合格深度，其次将机具行驶到水平的地方，安装深松检测仪并输入检测数据，然后进行田间试作业。

2. 操作

（1）作业前要做好深松检测仪安装调试工作，首先选择合适地块，将深松机作业深度调整至作业质量要求的合格深度；其次将机具行驶到水平的地方，安装深松检测仪并输入检测数据；然后进行田间试作业。

（2）深松作业过程中，不可随意调整悬挂拉杆的固定位置，否则深松检测仪不认可调整拉杆长度后的作业数据。同时，要注意观察深松检测仪显示的数据是否符合技术要求，如出现异常，要及时找出原因，排除故障，再进行作业。作业期间，如需进行其他作业，须将深松检测仪导线从接头处断开，将悬挂杆原有固定位置做好标记，再更换其他农具。恢复深松作业时，再将悬挂杆安装调整到标记位置，连接好深松检测仪导线。

（3）作业完毕要检查实际作业情况是否和深松检测仪显示数据一致，如不一致，就重新调整，直到一致为止，锁紧调整螺母零点定位结束。

（4）基准站应在空旷无遮挡的位置架设，连接好线缆，打开基站电源开关，观察到差分信号灯为绿色闪烁状态时，表明基站正常运行。基准站架设完成后，打开拖拉机自动驾驶系统电源总开关，等待约半分钟，系统开始正常工作。

（5）显示器主页面会显示信号强度、车速、作业面积、偏差、作业行等信息。点击任务按钮新建一个A-B线作业任务，在想要的直线起点处点击A点，状态栏提示手动行驶一段距离后设置B点完成直线终点设置，从而完成A-B线设置，点击返回按钮回到主界面。A-B线设置完成以后，点击自动驾驶按钮，此时农机进入自动驾驶模式，再次按下按钮可退出自动驾驶模式。在进行地头转弯等操作时关闭自动驾驶模式，掉头完成以后继续打开自动驾驶模式，自动驾驶模式下驾驶员可不用进行操作，农机即可实现直线高精度行驶。

3. 维护保养

在严酷的作业条件下，监测装备的传感器、数据线等设备如果简陋并裸露地安装在作业机具上，缺乏安全防护措施，不仅极易丢失，而且传感器、数据线等部件容易损坏。因此，应注意监测终端的维护，外观应无锈蚀、锈斑、裂纹、褪色、污迹、变形、镀涂层脱落，亦无明显划痕、毛刺，塑料件应无起泡、开裂、变形，灌注物应无溢出等现象，结构件与控制组件应完整，无机械损伤。

4. 注意事项

（1）监测终端的存储温度至少为 –40~85℃，工作温度至少为 –10~65℃，相对湿度为 10%~90%（无凝露）。终端在承受各项气候环境试验后，应无电气故障，机壳、插接器等不应有严重变形，各项功能应正常。

（2）终端应具备报警功能，在终端出现故障或作业深度不合格时，应以声或光或文字等方式向驾驶员提示。

（3）终端在承受振动、冲击等机械环境试验后，应无永久性结构变形，无零部件损坏，无电气故障，无紧固部件松脱现象，无插头、通信接口等接插件脱落或接触不良现象，其各项功能应保持正常，无试验前存储的信息丢失现象。

（4）目前的测试装备还受到作业区域和地理位置的影响，在地块坡度较大时，有时显示的数据与实际情况有一定偏差。在地理位置较偏僻的地块，有时无线信号较弱，造成数据无法传输。

（5）拖拉机作业地块与基站距离最好在 20 km 以内。要确定作业农具是正牵引还是偏牵引，如果是偏牵引则要对农机具进行偏移设置。当拖拉机工作时有林带时，若卫星信号不好，可在设定好 AB 线后，工作可由农田中央向边缘作业。

（6）当信号出现问题，误差较大时，按左上角的状态键来查看，确认是卫星信号不好，还是 RTK 基站信号不好。若卫星数量在 6 颗以上，HDOP 值在 1.5 以下，则卫星信号质量良好。若 CMR 输入在 40% 以下，CMR 时间在 35 以下，则 RTK 基站的信号质量良好。当卫星信号不好时，查看天线是否被遮挡，附近是否有高压电线等会产生强磁场的设施。

四、质量标准

深松检测质量应该达到团体标准《农机深松作业远程监测系统技术要求》（T/CAMA1—2017）要求。

（1）深度监测指标。静态条件下，作业深度监测误差 ≤ 2 cm。田间作业环境下，作业深度测量误差应不超过 3 cm；作业深度数据采样时间间隔应不大于 2 s，或采样距离间隔不超过 5 m。

（2）定位性能指标。准确定位是科学评价特定区域内深松质量的前提，监测装备应能支持卫星定位，能够提供实时的时间、经纬度、速度和航向等定位状态信息。定位数据采样间隔不大于 2 s。作业条件下，水平定位精度不大于 3 m，测速精度不低于 0.2 m/s，数据输出更新频率不低于 1 Hz。

（3）面积监测指标。作业面积监测精确度达到 97% 以上，能够满足实际应用中对农机质量监管的需要。

第三节　播种作业质量监测机械化技术

一、技术内容

1. 技术定义

播种作业是农业生产中最重要的一环，播种机是执行播种作业的主要机具，其性能好坏直接关系到农作物的生长和产量。随着精密播种技术的发展，精密播种机在农业生产中得到了越来越广泛的应用。目前国内使用的精播机大多是机械

式和气动式的播种机，在播种作业时具有播种过程全封闭的特点。排种器是播种机上的关键部件，它的性能直接决定了播种机的作业质量。精量播种具有节约良种、减少拔苗对留苗的伤害，且省去了间、定苗等工序优点，但是在播种作业中往往还是会出现重播、漏播，以及粒距均匀性较差等问题，因此有必要对播种作业质量进行实时监控，确保播种作业质量符合农艺技术要求。

2. 技术原理

为避免播种作业发生大面积断条情况，提高播种质量，针对条播、穴播播种机，利用红外传感器、声光报警器、摄像头等，根据导种管的种是否通过来判断是否进行了播种作业以及导种管是否堵塞。具体是用电机代替地轮驱动排种器排种，消除由于地轮打滑对排种均匀性产生的影响，提高排种均匀性。目前有单粒精播和精量条播两种监测模式，监测预警系统利用多传感器技术、计算机技术、北斗定位技术等，实现播种信息监测，如播深监测，当播深误差超过一定范围时，进行报警；并通过地图实现播种轨迹和每粒种子位置监测，显示出漏播、重播区域。免耕播种作业质量监控系统将监测信息进行本地保存及上传到阿里云服务器中，农民通过网页终端就可以全面了解到播种作业信息，实现播种作业信息全面监控。

3. 技术特点及优势

影响作物单产的因素是多方面的、立体的、综合的，包括播种土壤质量、化肥施用情况、气候变化、播种密度等，涉及耕、种、管、收各个农艺过程。其中，播种量与播种均匀性是影响作物单产的显著性因素。为保证作物的产出效率，需要严格按照不同作物品种最适宜的播种量与分布密度进行播种，这体现出播种量精量控制的重要性。

播种作业质量监测能够改善作物播种作业质量，通过对播种机作业情况的实时监测，可以为农户、农机手和种植管理者提供及时参考信息，有了实时的监测数据，播种质量可以做到更好。通过精量播种提高种子在田间分布均匀性，改善植株的光照、营养条件，因此采用精量播种的植物生长健壮，且籽粒饱满，解决了群体与个体的矛盾。另一方面，可以减少用种量，有了数据的支持，就可以在保障播用种总量的前提下，最大程度节约用种量，减少种子成本支出。此外，可以节约用工成本，因为漏播、重播后，需要人工再次进行间苗作业，但是有了播种作业质量监测技术，可以实时监测播种数据，及时调整播种质量，依靠监测技术减少人工重复作业，降低人工成本支出。

4. 技术分类

为了对播种质量进行实时观测，机器需要在排种器上安装播种监测系统。播种监测的技术方法有很多，常用的一种监测技术是使用安装在落种管处的光电、电容式传感器以及高速摄像机来进行种子的通过性测量，并根据车辆的行走速度以及两粒种子下落的时间间隔来判断是否有种子出现了重播漏播等现象。光电传感器价格低廉，广泛应用于各类播种监测机械中，但由于农机具工作环境较为恶劣，在工作一段时间后传感器会因为灰尘覆盖等原因而导致失灵。另一种是监测技术是使用高速摄像机和图像处理技术，该技术能够精确捕捉小型种子，同时可以辨认出种子重叠的情况，但价格昂贵，较难推广使用。

二、装备配套

1. 设备分类

根据播种形式，播种作业质量监测技术可分为单粒穴播精量播种监测技术、条带状排种流量信息监测技术，前者适用于玉米、大豆等作物播种作业，后者适用于小麦等条播作业。

2. 机具结构及工作原理

播种作业机械配备有排种流量监测系统，用于向驾驶员实时显示各播种单组的播种状态。种子在排种器出口处分布密集，相互之间遮挡、重叠，这些特性使得针对大流量播种的流量精准监测成为一大难点。目前主要采用了光电、压电、电容等不同原理的监测装置，以电气控制技术为基础，以传感器技术和逻辑分析技术为核心，结合种子的结构特点开展播种质量的监测。

3. 功能特点及应用范围

（1）单粒穴播精量播种监测技术。光电监测技术。主要是利用光电传感器进行监测，随着技术的发展，根据光线信号的不同，光电传感器可分为红外传感器、激光传感器、光纤传感器等几类。光电传感器主要是利用点对点发射与接收光信号监测播种情况，当播出的种子遮挡光信号会使光信号产生变化，控制系统将传感器的光信号转换为电信号，用以掌握播种状态，并对播种机进行控制与优化。

压电监测技术。主要是利用种子下落过程与传感器监测原件碰撞产生的压强变化获取播种信息，随着工业电控技术的发展，压电传感器的种类也得到扩展，现阶段在农业生产中应用较多的压电传感器包括PVDF压电信号传感器、压电陶瓷压敏传感器等。

电容监测技术。主要是利用种子播出后经过传感器过程中引起电容极板介电常数产生变化，导致传感器内部电容值改变实现计量。

视觉检测技术。主要是在播种位置增设摄像设备实时获取播种图像，结合计算机技术快速分析图像信息，以确定播种质量，并辅助确定播种位置。

（2）条带状排种流量信息监测技术。数字信号传感技术。基于数字信号分析技术，它可以检测小粒径种子和快速下落的种子。该传感器（图8-15）可识别最小直径为1.5 mm、下落频率为250 Hz 的精播种子。

图8-15　UNI-SEEDER 排种量传感器

微波监测技术。微波检测技术克服了传统光学传感器会连续两粒或多粒种子穿越监测光线时被误认为是一粒的问题。这种传感器（图8-16）在排种管底部安装，便于拆卸，其监测对象为玉米、大豆等大籽粒种子，对于油菜、小麦等小籽粒种子难以精准监测。

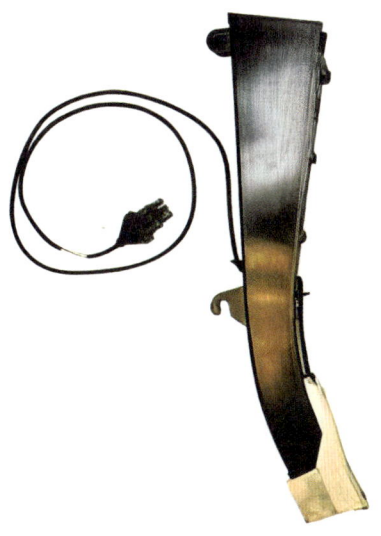

图 8-16 WaveVision 排种流量传感器

红外排种监测技术。红外传感器（图 8-17）包含排种管监测报警传感器，与排种靴堵塞监测传感器。当发生某一播种单组发生断条或堵塞，相应指示灯与蜂鸣器发出报警。试验结果表明，当排种管发生堵塞，上述系统报警延时区间为 1 503~3 750 ms。

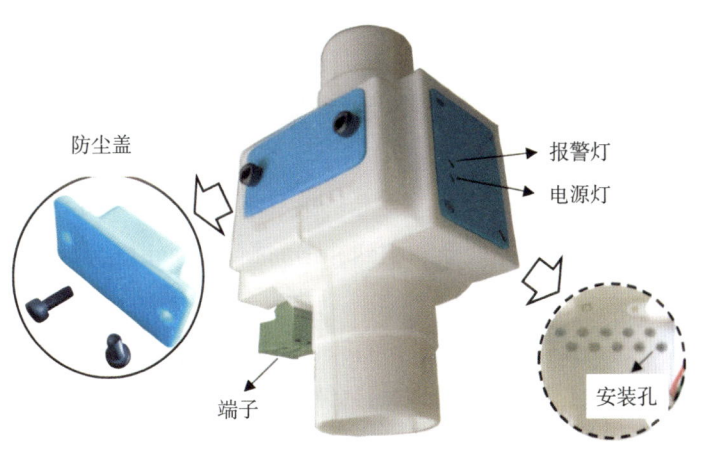

图 8-17 红外排种流量传感器

三、操作规范

1. 准备

（1）检查播种监测系统在室外温度 –20~50℃和相对湿度 10%~85% 的环境下应能正常工作。

（2）播种监测系统应能显示每行的重播数、漏播数、已播数、重播率、漏播率，整机的重播数、漏播数、已播数、重播数、漏播率。

（3）播种监测系统应配备主电源，备用电源（蓄电池）转换器。当主电源断电时，应能自动转换到备用电源；当主电源恢复时，应能自动转换到主电源。

（4）检查播种监测系统的故障报警功能是否正常，种子重播、漏播、堵塞、缺种等影响机具工作和播种质量的故障应能发出声、光警示，并应准确显示故障点位置。

（5）应检查播种监测系统的接线端防水措施，把电源、信号接线端分开设置。

2. 操作

（1）种子应在机组到达播种地块之后再装入种箱，不应在出发或田间转移前加入。因为播种机重量增加后，整个机组重心后移，将使整机的操向性下降，不利于运输；同时，还会使种在震动中夯实，不利于种的均匀排出。此外，装箱前还应检查箱内是否有遗留的工具或其他杂物。

（2）播种机使用前要进行试播调试。调试播种时要随时注意各部件的工作情况，观察各转动部件的运转情况，各传动链轮和链条运转是否正常，导种管有没有阻塞现象，检测播种的株距、行距及播种深度，最终把这些数值调整到农艺要求的状态为准。这时才可以正常播种作业。

（3）播种机启动作业时，要一边走一边下落播种机，不允许把播种机猛放入土作业，以免入土工作部件受到剧烈冲击而损坏，同时也容易造成导种管口堵塞。

（4）播种机在工作时要时常监听各传动部件有没有异常声音，如发现监测异常，应及时停机检查，故障排除后方可继续作业。

（5）随时注意播种播量信息变化和监测数据，并及时做出调整。

3. 维修保养

（1）播种质量监测技术设备使用不需要太多特别的维护，只需要在作业前进行调试校准，同时对传感器进行清洗、消毒，防止灰尘和杂质的积累，能够保证测量数据的准确性。

（2）同时，设备在存放的时需要注意防潮、防尘、防撞，以及避免放置在高温、低温环境中，防止对监测技术的零部件造成影响。

（3）由于监测技术与播种机配套使用，而且播种机在春播或秋播时期使用频繁，因此播种机必须严格执行保养操作，日常使用时应做好对排种装置、传动链、传动轴的润滑，工作结束后检查开沟器、灭茬刀等是否出现损坏，及时更换损坏的零部件。做好风机、输气管路的维护，确保风机运转正常，输气管路通畅。

4. 注意事项

（1）针对种子特性和播种农艺要求，选择安装使用适当的监测技术设备，播种前做好技术参数调试和设置，通过试播作业，从而与监测结果互相印证比对，确保监测数据的准确性。

（2）按要求操作播种机，加强播种监测装置的保护和检查，确保采集的数据可靠。合理运用监测数据，避免非必要的重复播种、启停作业。

（3）工作结束后，要清空种箱和排种器内的种子。检查监测设备是否正常。

（4）播种完成后对监测数据进行整理分析，判断可能出现的监测数据规律和特征，将数据信息与后期出苗情况结合起来，为后续播种监测作业提供指导。

四、质量标准

播种机子田间正常作业的情况下，播种监测技术性能指标可参照 GB/T 35383—2017《播种监测系统》中的技术要求，见表 8-2。

表 8-2 播种作业质量监测性能指标

项　目	性能指标（%）
已播数测量误差率	≤ 5
重播数测量误差率	≤ 5
漏播数测量误差率	≤ 5
种子堵塞报警误差率	≤ 5
缺种报警误差率	≤ 5

第九章 保护性耕作机械化生产技术模式

第一节 小麦保护性耕作机械化技术模式

一、模式概述

该模式适用于全国小麦种植区域。小麦属于温带作物，耐寒、耐旱性比较强，环境适应能力比较好。种植面积占全国耕地总面积的 22%~30%，分布遍及全国各省区市。根据各地域的气候特征、地势地形、土壤类型、品种生态类型、种植制度以及栽培特点和播种、成熟期早晚等，全国可分为春小麦、冬小麦产区。本模式针对春小麦、冬小麦保护性耕作技术的共性要求（图 9-1），从品种、播种、施肥、田间管理、收获等环节，提出了保护性耕作技术路线、技术要点和机具配套方案，具有一定的普遍性和适应性，进一步完善保护性耕作机械化技术体系，为推广小麦保护性耕作技术提供参考。

图 9-1 小麦保护性耕作效果

二、技术路线

当前茬作物进入蜡熟期,适时进行收获。采用机械收获时,收获后作物残茬应均匀覆盖地表。通过秸秆还田、表土作业等方式进行残茬处理,随后采用免耕播种机进行播种作业,生长期间做好病虫害和杂草控制,最后进行适时收获。主要技术路线如图9-2所示。

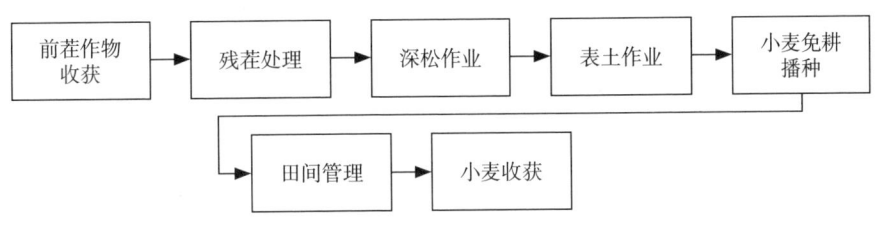

图9-2 小麦保护性耕作机械化技术路线

三、关键环节技术要点

1. 前茬作物收获

当前茬作物进入蜡熟期,适时进行收获。采用机械收获时,收获后作物残茬应均匀覆盖地表。粉碎装置的玉米联合收割机或秸秆直接粉碎还田机将玉米秸秆直接粉碎还田,若秸秆量过大或地表不平时,粉碎还田后可用圆盘耙进行表土作业。玉米整秆还田覆盖适合冬季风大的地区,人工收获玉米后对秸秆不做处理,秸秆直立在地里,以免秸秆被风吹走,播种时机具将秸秆撞倒直接播种。

2. 残茬处理

可采用秸秆还田、表土作业等方式对残茬进行处理,以满足小麦免耕播种作业的要求及避免风大地区出现将秸秆吹走的现象。秸秆粉碎时,其切碎长度为 ≤ 10 cm,切段长度标准差 ≤ 2%,切段长度相对误差 ≤ 13%,使用可靠性有效度 ≥ 90%。采用留根茬处理时,小麦、小杂粮留根茬高度应不大于150 mm;玉米留根茬高度应不大于200 mm,否则影响小麦播种质量。如秸秆太多或地表不平时,粉碎还田后可用圆盘耙进行表土作业。

3. 深松作业

深松的主要作用是疏松土壤,打破犁底层,增强降水入渗速度和数量;作业后耕层土壤不乱,动土量小,减少了由于翻耕后裸露的土壤水分蒸发损失。深松方式可选择为局部深松或全方位深松。一般情况下，0~200 mm 壤质土壤容积质量为 ≥ 1.3 g/cm³，黏质土壤容积质量 ≥ 1.5 g/cm³ 的地块及首次实施机械化保护性耕作或连续实施机械化保护性耕作 2~3 年的地块，应进行深松作业。深松作业时，应选择机具适耕条件，一般土壤绝对含水率 15%~22% 为宜。深松深度一般为 23~30 cm；深松时间最好在播前进行，苗期深松应尽早进行，也可以局部深松，深松间隔 40~60 cm，深松深度一般为 23~30 cm，深松时间最好在播前进行，并不得有重复或漏松现象。

4. 表土作业

选择适宜的地区、土壤，免耕覆盖的适宜降水量范围在 250~800 mm，表土作业为选择性作业。作物收获后，应对残茬进行检查，适当的地表残茬覆盖量为 ≥ 0.6 kg/m²、地表平整度 ≥ 100 mm 或实施深松作业后应进行表土作业。在风大地区应采取表土作业以固定残茬，避免出现风将秸秆吹走的现象。表土作业根据残茬处理方式，可以在秋季残茬粉碎还田后或春季播种前进行；实施深松作业后，可立即进行表土作业。作业深度为 30~80 mm。当残茬量较大时，作业深度可增加到 80~120 mm，作业后的地表平整度 ≤ 50 mm，地表残茬覆盖量为 0.3~0.6 kg/m²。

5. 品种选择

选用优质、抗逆性强的品种，进行种子处理。目前较好的高产品种有农大 3214，优质强筋小麦品种有中优 9507 和京 9428 等。播种前应对种子进行精选，包衣或拌种处理。种子净度大于 98%，纯度大于 99.8%，发芽率大于 95% 以上。

6. 小麦免耕播种作业

根据当地的农艺适时播种，播种时土壤绝对含水率以 12%~20% 为宜，若墒情过小，播种前 10 d 应浇水。采用小麦免耕播种机作业，能一次性完成破茬、开沟、施肥、播种、覆土和镇压作业。少耕播种应经必要的地表作业（耙地、浇、松）后再进行播种。对于播种机性能指标：各行的排量一致性变异系数 ≤ 3.9%，总排量稳定性差异 ≤ 1.3%，种子破损率 ≤ 0.5%，播种深度合格率 ≥ 75%。播种后秸秆覆盖率不低于 30%。出苗率应大于 80%。

适当增加播量，保证播种质量。免耕地温一般比翻耕播种地温低 1~2℃，同时秸秆覆盖对播种出苗也有一定影响，小麦出苗率和分蘖较正常播种略少。因此，播种期不能过晚，建议播种量比常规播种增加 10%，基本苗以 20 万 ~35 万株苗为宜。冬小麦亩播种量一般水浇地 5~10 kg，旱地 12~15 kg；春小麦一般亩播种量为 18~20 kg。

小麦播种最佳深度为 4~6 cm，落籽均匀，覆盖严密，播深一致，下籽均匀，覆土深浅一致，种子落在秸秆上或种子上覆盖秸秆的比例≤5%。行距一致，不重播，不漏播，无缺苗断垄，小麦播种行距小背垄为 12 cm，大背垄为 26 cm。

7. 病虫害防治

采用高效、低毒、低残留农药防治病虫草害。免耕播种由于不进行土壤耕翻，地下害虫和草害比常规播种偏重。为了使覆盖田块农作物生长过程中免受杂草和病虫害的影响，保证农作物正常生长，在小麦播种时可采用辛硫磷等农药拌种，防治小麦的散黑穗病、腥黑穗病、白粉病、地下害虫及灰飞虱等对小麦的危害。杂草严重的地块，可用克无踪或 2，4-D 丁酯进行防治。

机械化保护性耕作作业对农作物病虫草害以生物和化学防治为主。植保机具的选用应结合农村实际以小型为主，可选用喷雾、喷粉机具和超低量喷雾机具。根据以往地块杂草病虫的情况，合理配方，适时打药，药剂搅拌均匀，漏喷重喷率≤5%。

病虫害防治方面，应及时观察小麦生育期病虫害潜伏及萌发状况，一经发现，及时防治。防治措施可采用生物防治、物理防治以及化学防治等多种技术。采用化学防治时，应根据病虫害种类选择合适的药剂，合理配比，适时喷药。

8. 杂草防治

小麦生长期内要进行化学除草作业，最佳时间是在小麦播种的拔节前。为充分发挥化学药品的有效作用并尽量防止可能产生的危害，必须做到使用高效、低毒、低残留化学药品，使用先进可靠的施药机具，采用安全合理的施药方法。播种后出苗前及时喷洒封闭型除草剂。在作物生长期，应根据草相及早定向喷洒对应的除草剂。除草剂应合理配方，药剂搅拌均匀，适时喷洒，喷洒时间最好选择在晴天无风时施药。药剂喷洒后，机具不应立即进地作业。

9. 合理施肥

化肥宜选用无结块肥料，肥料要求选用颗粒状、流动性较好的化肥。亩施复合肥 40~50 kg，施肥深度为 10~15 cm，秸秆腐烂过程中需要吸收一定的氮肥，所以施肥量一般较常规多施肥 10% 左右，播种后秸秆覆盖率在 30%~35% 之间。

全生育期氮、磷、钾总量根据土壤养分状况，氮肥在 13~20 kg，磷肥为 6~10 kg，钾肥 3~6 kg，底肥和追肥的比例以 5∶5 为宜。一般情况下以底施尿素 10 kg、磷酸二铵 7~10 kg 和氯化钾 4 kg 为宜。

保护性耕作机械化技术及地力培育

选择性中期追肥作业,根据作物生长情况决定是否追肥,追肥时间及追肥量等技术要求应符合当地农艺规范。根据所用的肥料选择适宜的机具。同时小麦生育后期生长较弱时,应根据作物生长状况,适时适量进行叶面喷肥,也可与生物激素混合喷施。

10. 灌溉浇水

浇水方面,小麦免耕播种由于大量秸秆还田,土壤疏松,从播种小麦之后到成熟一般浇灌三次,第一次为小麦出苗后越冬前,时间为 11 月上旬;第二次返青水,时间为 2 月中旬;第三次为灌浆水,时间为 4 月中旬。

11. 适时收获

小麦蜡熟期—完熟期是收获的最好时期。应密切注意天气变化,避免成熟期遇雨出现穗发芽。在晾晒时,晾晒温度过高易造成蛋白质变性,小麦晾晒厚度不能低于 4 cm,保证品质稳定。

第二节 玉米保护性耕作机械化技术模式

一、模式概述

该模式适用于全国一年一作的玉米种植区域。玉米喜光,不耐阴,是短日照植物,适宜生长的温度为 22~30 ℃、全生育期要求较高的温度。我国地域辽阔,平原、山地、丘陵都种植玉米,玉米种植面积占全国耕地总面积的 30% 以上,复杂多样的自然条件形成我国多种种植制度和栽培特点,主要分布在从东北斜向西南的狭长玉米带,以春玉米和夏玉米为主。有 2/3 的玉米分布在丘陵旱作地上,依靠自然降雨蓄水保墒,尤其是北方春播玉米区,玉米主要种植在旱地上,基本上为一年一制。本模式针对一年一熟地区的玉米种植,从残茬处理、深松作业、表土作业、免耕覆盖播种、除草、田间管理、收获等环节,形成保护性耕作技术路线,为玉米保护性耕作技术作业提供参考(图 9-3)。

图9-3 玉米免耕播种苗情（左）和玉米直播苗情（右）

二、技术路线

玉米进入完熟期，适时进行收获，收获后对残茬进行粉碎处理，秸秆均匀覆盖地表。随后进行深松作业、耙地表土作业，进行免耕播种。生长期间进行除草、田间管理，确保玉米生长，最后进行机械化收获。主要技术路线如图9-4所示。

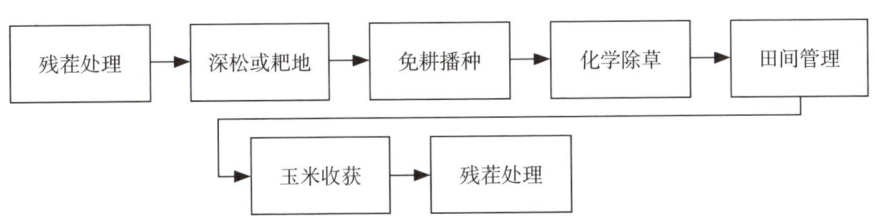

图9-4 玉米保护性耕作机械化技术路线

三、关键环节技术要点

1. 玉米收获

玉米进入成熟期，采用机械化进行收获。采用籽粒收获时，在不影响下茬作物适时播种的情况下，籽粒玉米应适当增加灌浆天数，以充分挖掘光热资源和品种的产量潜力。在籽粒乳线消失、黑层出现、籽粒含水率降至25%以下时可进行籽粒机收，否则易造成籽粒破损率高，影响收获质量和销售。籽粒玉米完全成熟判断标准为：籽粒乳线消失、黑层出现，籽粒呈现出品种特有的色泽。选择籽

粒破碎率低、秸秆粉碎均匀、动力充足、作业效率高且经广泛使用表现良好的主导机型进行机收籽粒，实现总损失率≤5%、破碎率≤5%、杂质率≤3%。收获后及时烘干或晾晒，将籽粒含水率降至14%以下时安全贮运。采用青贮玉米收获时，青贮玉米最佳收获期为乳熟后期至蜡熟初期，含水量为65%~70%，乳线处于1/3~1/2时收获为宜。鲜食玉米一般在授粉21~25 d收获，采摘后及时加工或销售，避免品质下降。

2. 残茬秸秆处理

玉米秸秆残茬处理有残茬粉碎覆盖处理、残茬整秆覆盖处理、根茬覆盖处理3种方式。残茬粉碎覆盖方面，在玉米收获时，以不影响免耕播种作业为主，要求秸秆粉碎长度小于10 cm，粉碎长度合格率大于90%以上，秸秆覆盖均匀度大于80%，留茬高度小于8 cm。粉碎后的秸秆要抛撒均匀，其均匀度及覆盖量要便于免耕播种机和旋播机进行施肥播种作业。残茬整秆覆盖处理方式，对于冬季风大的地区，玉米收获后可选择整秆覆盖，当产量低、残茬覆盖量少，不影响免耕播时，可不进行粉碎作业。等残茬覆盖量大，影响免耕播种时，在第二年春季播种前用秸秆粉碎还田机进行残茬粉碎。在秸秆综合利用地区，玉米秸秆收割时为保障地表覆盖量，秸秆根茬割茬留茬高度应大于30 cm。

3. 深松作业

深松作业为选择性作业，不要求每年进行。一般情况下，首次实施机械化保护性耕作或连续实施机械化保护性耕作3年以上，或0~20 cm壤质土壤容重为为≥1.3g/cm³，黏质土壤容重≥1.45g/cm³的地块，需要进行深松作业。深松作业时，应选择机具适宜的土壤条件，一般土壤绝对含水率为15%~25%，深松深度应≥30cm。

4. 表土作业

表土作业为选择性作业，不要求每年进行。当玉米收获后，立即对田间进行检查，当地表残茬覆盖量≥1.5 kg/m²，或者地表平整度≥10 cm时，或在冬季和春季风大的地区，粉碎后的残茬容易积堆时，根据实际情况，选择适宜的圆盘耙或者驱动滚齿耙等机具进行作业，作业深度7~10 cm，地表平整度不大于6 cm，地表残茬覆盖率不小于40%。

5. 品种选择

春播玉米以籽粒玉米为主，选择耐密高产品种。选择通过同生态区国审或市审定（引种），具有植株紧凑、穗位中等、果穗较大、结实性好、出籽率高、抗倒伏、抗病性好的耐密植型春玉米品种。推荐 C3288、豫中育 99、京农科 737、京农科 828、先玉 1483、东单 1331 等品种。

夏玉米一般选用生育期少于 105 d、丰产、抗倒伏、耐高温寡照、抗本地区主要病害的早熟丰产优良品种。推荐种植京农科 728、纪元 168、NK815、YF3240、京农科 738、MC168、MC888 等品种。青饲玉米一般选用生育期 100~200 d 且生物产量高、品质优良、抗逆、抗病强的优质杂交品种。同时可根据市场需求，选择种植适宜的优质鲜食玉米品种、专用型或粮饲兼用型青贮玉米品种。

选用的玉米用种（单粒播种）要求为纯度≥97%，种子发芽率≥93%，净度为≥99%，含水量≤13%，确保播后苗全、苗匀、苗壮。

6. 免耕播种作业

山区春玉米应在 0~10 cm 土层温度连续 5 d 稳定达到 10℃以上时播种，但不宜早于 4 月 15 日，切勿因贪早抢播造成苗期冷害。籽粒玉米争取 6 月 25 日前完成播种，青饲玉米一般不超过 7 月 10 日。

播前应进行农机检修和保养，加强机手培训，推荐使用安装高精度卫星导航以及播种监测等智能终端的农机，以实现高质量机播作业。播种机应选用玉米免耕覆盖播种机，当地表干土层较厚时，选用具有深开沟、浅覆土的玉米免耕覆盖播种机，以保证种子落到湿土上。也可以选用多功能、高精度、种肥同播的玉米单粒精播机，一次完成开沟、施肥、播种、覆土、镇压等作业。播种时种子深度 3~5 cm，做到播深、行距、覆土、镇压一致，做好种、肥隔离，避免烧种烧苗。播种量、施肥量及播种质量应符合当地农艺要求，播种后，地表残茬覆盖率为为≥30%，直接动土面积占总面积的比例≤30%。

使用单粒（精密）播种机，一穴一粒，种肥同播。种子深度 4~5 cm，种肥隔离大于 4 cm。要求下粒均匀，粒距准确，覆土良好，无露籽或空穴现象。播前应进行农机检修和保养，加强机手培训，有条件的可应用高精度卫星导航以及播种监测等农机智能终端，以实现高质量机播作业（图 9-5）。

合理增密可显著提高玉米收获穗数，确保高产。依据选择品种所推荐的种植密度，籽粒玉米一般每亩种植 4 200~4 500 株，青贮玉米每亩保苗 5 000 株以上，高肥力地块可适当增加 300~500 株/亩。采用精量播种方式，播种密度应比预定收获密度增加 10% 左右。

图9-5 玉米免耕播种作业

7. 除草

除草方式可采用机械、人工或化学除草。播种后、出苗前及时喷洒封闭型除草剂，在玉米生长期，应根据田间杂草情况，合理配方药剂搅拌均匀，适时喷洒，漏喷重喷率≤5%，选择合理的喷洒方式和机具，注意操作安全。

遵循绿色防控原则，坚持预防为主方针，优先使用生物防治和理化诱控，科学合理使用化学农药，推进专业化统防统治。针对田间杂草，可在播后苗前选用精异丙甲草胺等药剂进行土壤封闭处理，或在玉米3~5叶期、杂草2~3叶期防治，籽粒玉米和青贮玉米可选用烟嘧磺隆、硝磺草酮、莠去津及其混剂进行喷雾，鲜食玉米使用苯唑草酮+助剂进行苗后除草。

8. 田间管理

（1）科学施肥。根据玉米生理特性和营养需求特点以及当地的气候特征、土壤条件，选择适宜配比的缓释肥料。中等地力条件下，可在秸秆还田条件下，采用缓释肥一次性底深施技术，要求总养分含量≥40%。推荐每亩底施玉米缓控释肥40~50 kg。采取种肥同播一次侧深施方式，施肥深度8~10 cm，种肥隔离大于4 cm。具备较好灌溉条件的地块，采取"一底一追"方式，其中1/3氮肥和全部的钾肥、微肥作为种肥在播种时侧深施，其余2/3氮肥于小喇叭口期

（9叶展）前后，机械侧深施。对于复垦复耕地块，每亩可在整地时施入有机肥 1~2 m³ 或商品有机肥 400~500 kg，以培肥地力、改良土壤，增加产量。有条件的地区推荐应用以滴灌为主的玉米水肥一体化技术，拔节后少量多次施肥，实现精准灌溉与精确施肥。

（2）科学防灾减灾。干旱、冰雹、暴雨、风灾等极端天气对玉米生产不利。加强灾害天气的监测预警，对于干旱，要根据土壤墒情和降雨，抗春旱保出苗、抗伏旱保穗粒、抗秋旱保粒重，保障玉米生长发育关键时期水分供应；针对强降雨，要提前疏通沟渠，提高排涝能力，遭遇涝渍，应及时排水。针对高温热害，可通过及时灌溉以及在叶面喷施微肥等措施进行防御。对于种植密度偏大、生长过旺的玉米群体和易发生倒伏风险较大的地块，可在玉米 6~8 叶展期喷施植物生长调节剂，控制基部节间长度，增强茎秆强度，预防倒伏。同时加强灾害天气的监测预警，积极采取物理、化学等方法，进行气象人工干预，减少灾害损失。

第三节 麦玉两熟秸秆还田保护性耕作机械化技术模式

一、模式概述

本模式适用于我国黄淮海小麦玉米两熟区。该区域属暖温带季风气候类型，气候温和，雨量比较适宜，除部分为丘陵地区外，多为冲积平原，地势平坦，是我国的主要产粮区，农业机械保有量大，机械化水平高。近年来，保护性耕作技术在麦玉两熟区得到了较快的发展。

本模式从小麦和玉米品种类型、耕作模式、种植规模、机械化生产等方面规范标准化作业，以玉米秸秆全量还田、深松、播种、田间管理、收获、烘干为重点作业环节，提出小麦、玉米两熟区玉米秸秆全量还田保护性耕作全程机械化工艺路线、技术要点、机具配套方案等，形成较完备的机械化工艺流程和装备体系，推进小麦、玉米两熟区保护性耕作条件下小麦、玉米生产的标准化和规模化。

本模式目的在于，通过农机农艺融合和机械化技术集成，加快推广应用以秸秆全量还田为核心技术的保护性耕作技术，有效提高农机作业质量和效率，简化作业环节、减少能源消耗、降低投入成本、增加生产效益，推动农业生产量水而行、绿色发展，巩固黄河流域对保障国家粮食安全的重要作用，稳定种植面积，提升粮食产量和品质。

二、技术路线

如图9-6所示，前茬玉米联合收获作业后，将秸秆粉碎并全量还田覆盖地表，根据土壤情况进行深松后，在秸秆均匀覆盖的耕地上进行小麦免少耕播种；播后适时进行田间管理；小麦成熟后进行联合收获、秸秆粉碎还田与烘干；之后进行玉米免耕播种；适时进行田间管理；最后进行玉米联合收获与烘干。

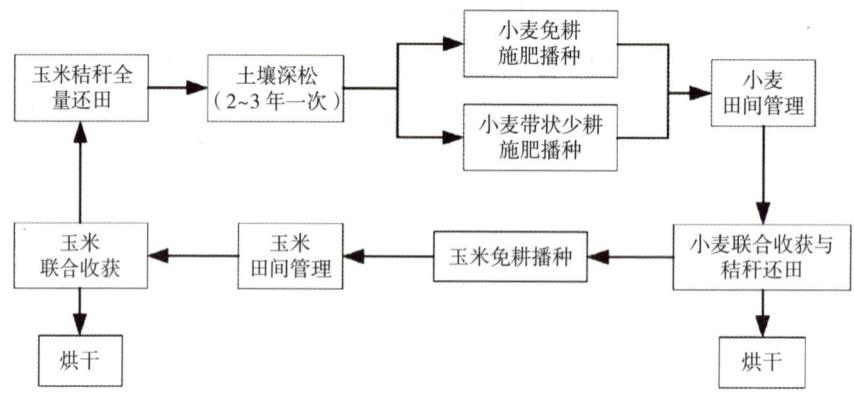

图9-6 小麦—玉米保护性耕作技术路线

三、关键环节技术要点

1. 品种类型

小麦和玉米均应选择适宜本地特点的品种。小麦种子质量应达到国家标准，要求纯度≥99%、净度≥98%、发芽率≥85%、水分≤13%。玉米品种应具备耐密、抗倒伏、降水快、穗位一致性好、秸秆硬挺、籽粒为硬粒型、收获时籽粒不易破碎等特点，玉米种子需进行精选处理，纯度、净度98%以上，发芽率95%以上。

2. 种子处理

播种前，种子应根据当地病虫害发生情况选择高效安全的杀菌剂、杀虫剂，采用包衣机、拌种机进行种子机械包衣或拌种。

3. 玉米秸秆全量还田

前茬玉米收获后，应进行秸秆全量粉碎还田，适宜作业的土壤含水率10%~20%、玉米根茬含水率≤25%；粉碎还田后，秸秆长度≤10 cm、秸秆抛撒不均匀率≤20%、碎茬深度≥80 mm、根茬粉碎率≥90%、碎土率≥90%。

4. 土壤深松

深松作业宜根据土壤情况适时开展，适宜作业的土壤含水率15%~25%；深松深度≥25cm并打破犁底层，稳定性≥80%、土壤膨松度≥40%，无漏松和重松；深松后应适度镇压，裂沟应合墒抹平，达到地表平整。采用凿（铲）式深松机，相邻两铲间距应不大于2.5倍深松深度。

5. 小麦免少耕施肥播种

使用小麦带状粉碎免耕施肥播种机或带状少耕施肥播种机，一次性完成施肥、播种、镇压等作业。作业地块的土壤含水率为12%~20%，土壤坚实度、肥力、有效耕层等条件适宜免少耕播种施肥作业。作业时，应将基肥深施，不能施撒地表。种肥间距≥5 cm，播深1~3 cm，施肥深度10 cm左右；应下种均匀，无漏播、重播，覆土均匀严密，播后镇压效果良好。

（1）带状粉碎免耕施肥播种机。带状粉碎免耕施肥播种机具有苗带秸秆粉碎、开沟、防缠绕等部件和相应功能，整机仅有开沟器入土，属免耕作业；在玉米秸秆全量还田条件下，配置于开沟器之间的粉碎刀能主动粉碎拥堵的玉米秸秆，使机具在规定的作业速度时，不发生重度堵塞；断条率≤2%。

（2）带状少耕施肥播种机。带状少耕施肥播种机具有条带开沟、碎土、破茬、切草、镇压及防缠绕等部件，具有播种行土壤耕作、行间免耕功能，可根据不同的土壤状况和残茬覆盖选用旋耕刀、圆盘刀等适宜的耕作部件。在玉米秸秆全量还田条件下，机具在规定的作业速度时，不应发生重度堵塞；整机动土率为≤40%、断条率≤2%。

6. 小麦田间管理

选用喷杆式喷雾机或植保无人驾驶航空器施药作业，在小麦生长期喷施除草剂和杀虫剂，防治病虫草害。在有灌溉条件的地区，应推广节水灌溉，三类苗宜在返青期浇水，二类苗宜在起身期浇水，一类苗宜在拔节期浇水；采用滴灌时，喷洒水的均匀度应≥70%，以免影响灌溉质量。追肥时，可采用低压喷灌、微喷等节水灌溉技术，水肥同施。

7. 小麦联合收获与秸秆还田

收获总损失应≤2%，含杂率≤3%，漏割率应≤1%。为提高后茬玉米的播种质量，小麦秸秆应粉碎抛撒，割茬高度≤15 cm、小麦秸秆切碎长度≤10 cm、切断长度合格率≥95%、抛撒不均匀率≤20%。

8. 小麦烘干

可选用连续式或循环式谷物烘干装备，将小麦烘干至含水率≤13%。谷物在进机前应进行筛选，去除杂物，以防堵塞烘干装备。烘干温度≤60℃，高水分小麦（含水率＞25%）不宜用高温干燥，热风温度≤30℃；干燥种子时，应采用较低的热风温度。

9. 玉米免耕播种

小麦收获后，应尽快免耕播种夏玉米，播种密度根据地力、品种特性而定，一般耐密紧凑型玉米品种，每亩4 000~5 000株；大穗型玉米品种，每亩3 500~4 000株。玉米播种深度3~5 cm，种肥同播。

10. 玉米田间管理

（1）植保。为防止秸秆覆盖免耕播种后引发的病虫草害，播后苗前应及时喷施高效除草药剂进行土壤封闭处理；玉米3~5叶时视田间杂草密度采取措施，杂草密度较低时，可进行机械中耕除草；杂草密度较高时，宜开展化学除草；病虫害防控或植株化学调控应采用自走式高地隙喷杆喷雾机或植保无人驾驶航空器进行高效药剂喷施，确保施药效果。

（2）灌溉。玉米灌溉应选择节水灌溉方式，主要有固定式喷灌、卷管式喷灌和水肥一体化滴灌等。玉米生育期雨量充足，一般不需要灌溉；若遇大雨，应及时排涝；若遇干旱，苗期每亩可适量灌水 10~30 m^3，抽穗期灌水每亩 40~60 m^3，花粒期灌水每亩 20~40 m^3。

11. 玉米联合收获

（1）果穗收获。摘穗收获要求玉米籽粒含水率为25%~35%、总损失率为≤5%、果穗含杂率≤1%、苞叶剥净率≥85%。

（2）籽粒收获。具备烘干、贮藏、加工或直销能力的用户，应采用籽粒直接收获方式。籽粒收获一般晚于果穗收获作业时间，在玉米生理成熟后2~4周、籽粒含水率15%~25%时进行作业，确保总损失率≤5%、籽粒破损率≤5%、籽粒含杂率≤3%。

（3）穗茎兼收。采用穗茎收获机一次完成玉米摘穗、剥皮、集穗及茎秆切碎收集，要求总损失率≤5%、果穗含杂率≤1%、苞叶剥净率≥85%、切断长度合格率≥85%、秸秆收获损失率≤10%、秸秆含杂率≤3%、割茬高度为≤15cm。

12. 玉米烘干

籽粒收获后应及时进行烘干处理，宜选用连续塔式烘干机。热风温度100℃，玉米籽粒温度不超过50℃。尽量在15 h内用烘干机将玉米籽粒水分降到16%以下，然后将籽粒送入带有一定干燥功能的钢板仓进一步干燥并储存。

第四节 大豆保护性耕作生产机械化技术模式

一、模式概述

该模式适用于黄淮海和东北地区大豆种植区域。大豆性喜暖，以15~20℃最适，生长适温20~25℃。大豆是深根系作物，并有根瘤菌共生。要求耕层有机质丰富，活土层深厚，土壤容重较低及保水保肥性能良好。适宜作业的土壤含水率15%~25%。在我国各地均有栽培，以东北大豆最为著名。大豆种植以轮作为主，尽可能实行合理的轮作制度，做到不重茬、不迎茬。前茬小麦、玉米、杂粮种植收获后，选择适宜的大豆品种免少耕播种机械化作业。本模式针对大豆生产中免耕播种、田间管理、收获等环节总结了机械化技术路线，为大豆保护性耕作技术作业提供参考。

二、技术路线

如图9-7所示，前茬玉米、春小麦收获作业后，将秸秆粉碎并全量还田覆盖地表，根据土壤情况进行深松等处理，保障秸秆和土壤适宜大豆免少耕播种；随后选择适宜的播种机具进行大豆播种作业；根据生长情况，进行植保打药、水肥、病虫害防治等田间管理；最后进行大豆收获作业。

图9-7 大豆保护性耕作技术路线

三、关键环节技术要点

1. 前茬秸秆处理

玉米秸秆覆盖秸秆留高茬部分覆盖时,玉米机械化收获过程中留茬在25 cm以上,剩余秸秆利用秸秆打捆机具或人工打捆移除,秸秆覆盖度在30%以上。秸秆全量覆盖时,玉米收获过程中留茬高度在10 cm以上,其余秸秆全量切碎,长度≤10 cm,均匀抛撒覆盖地表。

2. 整地

原则上应直接免耕播种,如果地表不平、秸秆覆盖不匀且影响播种质量时,可通过秸秆粉碎、耙平达到秸秆分布均匀、地面基本平整,一般动土深度小于8 cm。实行保护性耕作的地块,如田间秸秆(经联合收割机粉碎)覆盖状况或地表平整度影响免耕播种作业质量,应进行秸秆匀撒处理或地表平整,保证播种质量。可应用联合整地机、齿杆式深松机或全方位深松机等进行深松整地作业。3~4年深松整地1次,深松后应及时合墒,必要时镇压。深度一般为35~40 cm,稳定性≥80%,土壤膨松度≥40%,深松后应及时合墒,必要时镇压,待墒情适宜时播种。对于田间水分较大、不宜实行保护性耕作的地区,需进行耕翻整地。

平播大豆尽量进行秋整地,深度20~25 cm,翻耙耢结合,无大土块,达到播种状态;无法进行秋整地而进行春整地时,应在土壤"返浆"前进行,深度15 cm为宜,做到翻、耙、耢、压连续作业,达到平播密植或带状栽培要求状态。

垄作大豆整地与起垄应连续作业,垄向要直,垄体宽度按农艺要求形成标准垄形,垄体一致,深度均匀,垄高一致,垄形整齐,不起坷块,无凹心垄,原垄深松起垄时应包严残茬和肥料。

3. 免耕播种

(1)品种选择及其处理。按当地气候条件和土壤生态类型,因地制宜地选择通过国家和省级审定的优质、耐密、秆强、抗倒、丰产性突出的主导品种,品种熟期要严格按照品种区域布局规划要求选择,杜绝跨区种植。种子要求为纯度为≥99%,净度≥98%,发芽率≥95%,含水率≤13.5%,粒型均匀一致。应用包衣机将精选后的种子和种衣剂拌种包衣,以提高出苗率。

(2)适期播种。抓住土壤墒情较好的有利时机,抢墒早播。在播种适期内,要根据品种类型、土壤墒情等条件确定具体播期。土壤墒情好的地块，应根据大豆栽培的地理位置、气候条件、栽培制度及大豆生态类型具体分析，选定最佳播期。

（3）种植密度。播种密度依据品种、水肥条件、气候因素和种植方式等来确定。植株高大、分枝多的品种，适于低密度；植株矮小、分枝少的品种，适于较高密度。同一品种，水肥条件较好时，密度宜低些。一般保苗在2万~2.3万株/亩。

（4）播种作业。播种质量是实现大豆一次播种保全苗、高产、稳产、节本、增效的关键和前提。选用带有施肥、精量播种、覆土镇压等装置和种肥检测系统的多功能精少量播种机具，一次性完成播种、施肥、镇压等复式作业。夏播大豆可采用全秸秆覆盖少免耕精量播种机，少免耕播种机应具有较强的秸秆根茬防堵和种床整备功能。一般施肥装置的排肥能力应达到90kg/亩以上，夏播大豆用机的排肥能力达到60 kg/亩以上即可。

以覆土镇压后计算，播种深度3~5 cm，播种深度合格率≥75.0%，确保种子播在湿土上。保护性耕作的地块，播种时应避免播种带土壤与秸秆根茬混杂，确保种子与土壤接触良好。播种机在播种时，结合播种施种肥于种侧3~5 cm、种下5~8 cm处，地头无漏肥、堆肥现象，切忌种肥同位。随播种施肥随镇压，做到覆土严密，镇压适度，无漏无重，抗旱保墒。

4. 田间管理

（1）化肥施用。前茬作物残茬还田，基肥、种肥和微肥接力施肥，防止大豆后期脱肥，提倡测土配方施肥和机械深施。底肥方面，施优质农家肥1 500~2 000 kg/亩，结合整地一次施入；一般大豆需施尿素4 kg/亩、磷酸二铵7 kg/亩、钾肥7 kg/亩左右。种肥方面，根据土壤有机质、速效养分含量、施肥实验测定结果、肥料供应水平、品种和前茬情况及栽培模式，确定具体施肥量。在没有进行测土配方平衡施肥的地块肥料商品量种肥每亩尿素3 kg、磷酸二铵4.5 kg、钾肥4.5 kg左右。追肥方面，根据大豆需肥规律和长势情况，动态调剂肥料比例，追施适量营养元素。当氮、磷肥充足条件下应注意增加钾肥的用量。中小面积地块尽量选用喷雾质量和防漂移性能好的喷雾机，使大豆叶片上下都有肥；大面积作业，推荐采用飞机航化作业方式。

（2）除草作业。中耕培土，采用机械、化学综合灭草原则，以播前土壤处理和播后苗前土壤处理为主，苗后处理为辅。推荐选用带有施肥装置的中耕机，边中耕边除草，结合中耕完成追肥作业，松土灭草。采用化学除草时，根据草情，重点选择杀草谱宽、持效期适中、无残效、对后茬作物无影响的除草剂，应用雾滴直径 250~400 μm 的机动喷雾机、背负式喷雾机、电动喷雾机、农业航空植保等机械实施化学除草作业，作业机具要满足压力、稳定性和安全施药技术规范等方面的要求。

（3）病虫害防治。根据苗期病虫害发生情况选用适宜的药剂及用量，采用喷杆式喷雾机等植保机械，按照机械化植保技术操作规程进行防治作业。大豆生长中后期病虫害的防治，应根据植保部门的预测和预报，选择适宜的药剂，遵循安全施药技术规范要求，依据具体条件采用机动喷雾机、背负式喷雾喷粉机、电动喷雾机和农业航空植保等机具和设备，按照机械化植保技术操作规程进行防治作业，做到均匀喷洒、不漏喷、不重喷、无滴漏、低漂移，以防出现药害。

（4）灌溉。根据气候与土壤墒情，及时灌溉，适时适量灌溉，提倡采用低压喷灌、微喷灌等节水灌溉技术，协调大豆水分需求，提高大豆品质和产量。

5. 收获

大豆机械化收获的时间要求严格，适宜收获期因收获方法不同而异。用联合收割机直接收割方式的最佳时期在完熟初期，此时大豆叶片全部脱落，植株呈现原有品种色泽，籽粒含水量降为 18% 以下；分段收获方式的最佳收获期为黄熟期，此时叶片脱落 70%~80%，籽粒开始变黄，少部分豆荚变成原色。采用"深、窄、密"种植方式的地块，适宜采用直接收割方式收获。

大豆直接收获可用大豆联合收割机，也可借用小麦联合收割机，但必须用大豆收获专用割台。一般滚筒转速为 500~700 r/min，应根据植株含水量、喂入量、破碎率、脱净率情况，调整滚筒转速。

分段收获采用割晒机割倒铺放，待晾干后，用安装拾禾器的联合收割机拾禾脱粒。割倒铺放的大豆植株应与机组前进方向呈 30° 角，并铺放在垄台上。收获时要求割茬不留底荚，田间损失 ≤ 3%，收割综合损失 ≤ 1.5%，破碎率为 ≤ 3%。

第五节 水稻保护性耕作生产机械化技术模式

一、模式概述

该模式适用于南方单季稻、南方双季稻、北方稻区三大种植区域。水稻喜高温、多湿、短日照,对土壤要求不严,水稻土最好,南方以水田为主,北方以旱地为主。水稻免耕宜在水源条件好、排灌方便、田面平整、保水保肥性能好的稻田进行,易旱田、砂质田不适宜作免耕田。本模式针对水稻生产中整地、栽植、田间管理、收获、秸秆处理等环节机械化进行了梳理,为水稻保护性耕作技术作业提供参考。

二、技术路线

如图 9-8 所示,对稻田地块进行准备,确保地块环境符合作业要求;及时进行整地作业,保障土壤、水源、地块适宜水稻种植作业;对育好的秧苗进行移栽和直播作业;随后做好田间的水、肥、植保管理,之后进行水稻收获和水稻秸秆处理。

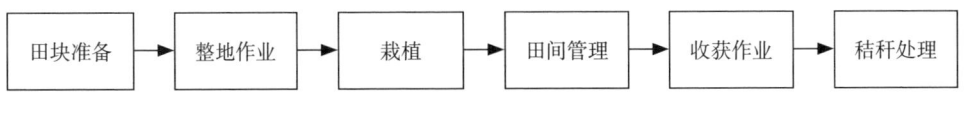

图 9-8 水稻保护性耕作技术路线

三、关键环节技术要点

1. 田块准备

田块应平整,土壤结构合理,水源充足,尽可能集中连片。前茬秸秆直接还田的地块,收割时留茬高度不大于 15 cm,将秸秆切碎均匀抛撒于田面,高留茬和粗大秸秆应用秸秆粉碎还田机进行粉碎还田后再整地作业。秸秆切碎长度应不大于 15 cm,抛撒均匀度 80% 以上。

2. 整地作业

冬干田杂草容易防除，地块平整，适宜免耕抛秧和免耕直播。根据当地的种植模式、农艺要求、土壤、水源状况，选择机械化整地作业方式。旱作方式适宜采用犁耕作业，耕翻深度 18~25 cm，旋耕深度 14~16 cm。采用水耕方式时，旋耕深度 16~18 cm。整田应达到耕层土壤上细下粗，表土起浆，同一田块平整度不大于 3 cm。根据土壤质地适当沉实，沉实后田表水层深 0~3 cm。水旱轮作的油菜、早熟西瓜、小麦、蔬菜等田块，收获后不用翻耕，即可栽秧、直播水稻。

3. 栽植

免耕插秧就是在未经耕耙的田块上直接栽插秧苗。采用板田直插，应选用土质较松软的壤土、轻壤土。双季晚稻田是连作水稻田，土质较松软的也可免耕插秧。适宜移栽的秧苗应根系发达，苗高 12~18 cm、茎部粗壮、叶挺色绿、秧根盘结不散。移栽作业选用宽行距 30 cm 的插秧机、窄行距 25 cm 插秧机、水稻钵体苗移栽机或水稻侧深施肥插秧机。水稻移栽作业质量应符合下列要求，伤秧率不大于 4%，漏插率不大于 5%，漂秧率不大于 3%，相对均匀度合格率 85% 以上，栽植深度 0~3 cm。插秧后复水时应缓慢灌水，防止漂秧。

免耕直播就是将稻种直接播在未经翻耕的板田上。水稻直播应根据当地气候、土壤肥力、品种特性、播种期等因素合理确定播种量。南方单季、双季稻区杂交稻播种量 22.5~30 kg/hm^2，常规稻播种量 37.5~45 kg/hm^2。北方适宜直播地区播种量根据当地农艺要求选择。播种深度水直播 0~0.5 cm，旱直播 2~3 cm。直播田块需沟系配套，按排水方向每隔 30~40 m 开腰沟，开沟宽 20~30 cm，深 20~30 cm。水稻直播作业适宜选用带有深施肥功能的直播机进行播种施肥复式作业。直播作业质量应符合以下指标要求，各行播量一致性变异系数小于 5%，播种均匀性变异系数小于 45%，播种深度合格率大于 75%。免耕直播要注意播种量比翻耕田少一点，同时不要选用漏水田和水源不足的田块。

4. 田间管理

水层管理。移栽稻在返青期保持 1~3 cm 的浅水层。分蘖期湿润灌溉，茎蘖数达到穗数的 80% 以上后，及时排水，使得土壤沉实不陷脚，叶色显黄。孕穗期保持浅水层，灌浆成熟期间歇灌溉、干湿交替。收获前 7 d 左右断水。旱直播稻在播种后通过田间沟系灌溉水一次，直至土壤全部湿透为宜，而后将田表积水排净并保持湿润。水直播稻浅水播种，播种后即排水并保持田间湿润。苗期建立 1~3 cm 浅水层。

追肥。在水稻分蘖期、孕穗期和灌浆成熟期采用自走式高地隙施肥机或者机动喷雾喷粉机施追肥。施肥机作业时应具有良好的田间通过性，肥料应均匀撒施。

植保。移栽稻插秧前 7 d 内结合整地作业，施除草剂封杀杂草。移栽后 7 d 内根据杂草种类施除草剂施，施用时水层 3~5 cm。直播稻播种后，排干田表积水，将除草剂喷施于田面，进行第一次封杀杂草，苗期进行第二次除草。分蘖期根据草害情况选择进行第三次除草。植保作业适宜选择自走式高地隙喷杆喷雾机、农用航空施药机械等高效植保机械，提高农药利用率和病虫草害防治效果，减少对环境的污染。

5. 收获作业

全田稻 95% 以上籽粒转黄进入完熟期，适期进行机械收获。选用联合收割机，需要秸秆还田的地块选用带茎秆切碎、均匀抛撒装置的收割机。低留茬收获时要求留茬高度不大于 15 cm。水稻联合收割作业质量应符合下列指标，全喂入联合收割作业损失率控制在 3.5%，含杂率控制在 2.5%，破碎率不大于 2.5%，茎秆切碎合格率达到 90% 以上。半喂入联合收割作业损失率控制在 2.5%，含杂率控制在 2.0%，破碎率不大于 1%，茎秆切碎合格率达到 90% 以上。

6. 秸秆处理

采用带茎秆切碎、抛撒装置的联合收割机，在收获作业时将秸秆切碎均匀抛撒于田面。高留茬收获后应采用秸秆还田机进行秸秆处理。秸秆平均留茬高度以 35~45 cm 为宜，切碎长度应控制在 15 cm 以内，抛撒均匀度达到 80% 以上。将高于田面的土耙在秸秆上，压住秸秆，防止上水后飘起。

优选适应气候条件和土壤环境，尤其是酸性条件，且富含枯草芽孢杆菌等有益微生物的高效秸秆腐熟剂，在进行秸秆旋耕作业前，采用无人机撒施秸秆腐熟剂，加快秸秆腐熟效果。采用大马力旋耕机进行旋耕整地作业，粉碎稻茬，并使秸秆与土壤充分混合，旋耕深度 ≥ 15 cm，稻茬粉碎率 ≥ 95%，埋茬深度为 ≥ 10 cm。进行旋耕作业后，灌水泡田使水层高度保持在 2~3 cm，泡田 5~7 d 后排水换水，促进秸秆腐解，并消杀部分水稻病虫害。

参 考 文 献

卜祥，姜河，赵明远，2020. 农作物保护性耕作与高产栽培新技术［M］. 北京：中国农业科学技术出版社.

邓健，孙广春，何润兵，等，2007. 北京市保护性耕作技术效益分析与发展对策［J］. 农机化研究（4）：5-8.

杜友，姚海，张园，2020. 保护性耕作推广应用现状及对策分析［J］. 中国农机化学报，41（9）：200-203.

段改莲，王文静，陈卫文，等，2021. 保护性耕作抑制季节性裸露农田扬尘的效果研究［J］. 农业科技与装备（5）：112-114.

冯晓静，高焕文，李宏文，等，2008. 北京周边保护性耕作防治土壤风蚀效果监测研究［J］. 农机化研究（1）：142-144.

高焕文，2004. 保护性耕作技术与机具［M］. 北京：化学工业出版社.

何进，李洪文，陈海涛，等，2014. 保护性耕作技术与机具研究进展［J］. 农业机械学报，49（4）：1-19.

胡立峰，2020. 中国保护性耕作试验研究的产量效应［J］. 东北农业科学，45（4）：40-44.

贾绍辉，2020. 一年一作小麦保护性耕作试验区试验研究［J］. 当代农机（7）：63-66.

解宏图，杜海旺，王影，等，2020. 玉米秸秆集行全量覆盖还田苗带条耕保护性耕作技术模式［J］. 农业工程，10（3）：24-26.

李宝凤，许和华，刘国，2019. 机械化保护性耕作技术在小麦生产中的应用［J］. 现代农机（2）：48-51.

李宏哲，于娜，2021. 免耕播种机在保护性耕作示范区的使用现状研究［J］. 南方农业，15（2）：6-7.

李洪文，胡立峰，2008. 保护性耕作的生态环境效应［M］. 北京：中国农业科学技术出版社.

李琳, 石颜通, 杨林, 等, 2021. 北京冬春覆盖作物对农田土壤风蚀扬尘的影响[J]. 天津农业科学, 27 (1): 83-86.

李治国, 曹学文, 翟金津, 等, 2007. 北京保护性耕作技术示范推广探讨[J]. 农机化研究 (9): 16-19.

李治国, 宫福生, 2008. 推广保护性耕作关键问题探讨[J]. 农机科技推广 (10): 46-47.

李治国, 张学敏, 翟金津, 等, 2019. 北京市保护性耕作技术模式及发展对策研究[J]. 农机化研究 (1): 249-252.

梁井林, 曹学文, 2008. 北京市保护性耕作技术推广实践与实施效果分析[J]. 中国农机化 (3): 56-59.

梁井林, 2008. 改革开放30年北京市农机化发展的4个里程碑[J]. 农业机械 (27): 38-39.

梁井林, 2011. 北京成为全国首个整体实施保护性耕作的省市[J]. 现代农业装备 (3): 36.

刘文政, 李问盈, 郑侃, 等, 2017. 我国保护性耕作技术研究现状及展望[J]. 农机化研究 (7): 256-268.

秦猛, 董全中, 薛红, 等, 2023. 我国保护性耕作的研究进展[J]. 河南农业科学, 52 (7): 1-11.

尚小龙, 曹建斌, 王艳, 等, 2021. 保护性耕作技术研究现状及展望[J]. 中国农机化学报, 42 (6): 191-201.

宋慧欣, 周春江, 郎书文, 等, 2007. 京郊春玉米保护性耕作技术模式[J]. 北京农业 (9): 9-13.

孙乐乐, 2019. 北京地区农田土壤风蚀扬尘防治的保护性耕作措施试验研究[D]. 北京: 北京林业大学.

王博, 马根众, 蒋帆, 等, 2020. 山东省保护性耕作技术发展现状及对策[J]. 农业工程, 10 (4): 16-19.

王超, 涂志强, 郑铁志, 2019. 吉林省保护性耕作技术推广应用研究[J]. 中国农机化学报, 40 (10): 200-203.

王春雷, 李洪文, 何进, 等, 2020. 自动导航与测控技术在保护性耕作中的应用现状和展望[J]. 智慧农业 (中英文), 2 (4): 42-55.

王宏勋，2017. 玉米保护性耕作关键技术及配套机具研究［J］. 农业科技与装备（10）：51–53.

王俊英，刘永霞，周吉红，等，2011. 北京郊区季节性裸露农田综合治理技术集成与实践［J］. 作物杂志（1）：1–4.

王小华，2009. 保护性耕作下的土壤水分预测模型与综合效应的研究［D］. 呼和浩特：内蒙古农业大学.

王永亮，2015. 河南省小麦玉米保护性耕作技术研究与实践［J］. 当代农机（2）：76–78.

位国建，存世春，方会敏，等，2019. 北方旱作区保护性耕作技术研究现状及展望［J］. 中国农机化导报，40（3）：195–200.

谢时茵，2019. 保护性耕作对土壤风蚀扬尘的防治作用研究［D］. 北京：北京林业大学.

熊波，张莉，2019. 农作物秸秆综合利用技术及装备配套［M］. 北京：中国农业科学技术出版社.

徐莉，李杜潮，2013. 保护性耕作全程机械化技术100问答［M］. 北京：中国农业出版社.

薛少平，2006. 保护性耕作技术［M］. 西安：陕西科学技术出版社.

杨立国，李小龙，2020. 粮经作物机械化技术及装备［M］. 北京：中国农业科学技术出版社.

张金福、车兆秋、黄艳红，2021. 保护性耕作技术［M］. 北京：中国农业科学技术出版社.

朱宪良，2021. 机械化深松与保护性耕作技术［M］. 青岛：中国海洋大学出版社.